I0168660

Henry Sulpicho

presenta

L'incredibile Intervista.

Calangianus   *17 Aprile 2011*

Pascaredda , tomba del gigante.

Youcanprint Self-Publishing

"E Jehowah Dio diceva al serpente.

Poiché hai fatto questa cosa

sei il maledetto fra tutti gli animali domestici

e fra tutte le bestie selvagge del campo.

Andrai sul tuo ventre e mangerai

polvere tutti i giorni della tua vita.

E io porrò inimicizia fra te e la donna

e fra il tuo seme e il seme di lei

Egli ti schiaccerà la testa

e tu gli schiaccerai il calcagno.

genesi : 3:14,15.

Calangianus

paese mio d'adozione che amo ,

centro mondiale della produzione

di turaccioli di sughero e derivati .

Case di ricchi , di granito , affacciate

alle alture dei monti del Limbara

dalle generose fonti di acque

purissime e gradevoli .

Paesaggio circondato da querce secolari ,

sughero della migliore qualità ,

mirti e olivastri che ispirano...

Sito archeologico " Pascaredda " ,

tomba dei giganti assediata

dalle querce maestose

e la classica macchia mediterranea .

Nel secondo crepuscolo

del 17 aprile 2011 ,

durante la quotidiana passeggiata ,

devio verso questo posto turistico

senza una ragione apparente .

Lo spettacolo insolito , inaspettato

sconvolgente e intrigante

è l'inizio di un incontro

che non posso tenere segreto ,

e adesso voi state per conoscere .

Una persona non terrestre si presenta

risplendente ed eterea ,

una potenza abbagliante,accecante

mi costringe a chiudere gli occhi

per proteggermi.

Ha la risposta alla mia richiesta :

un appuntamento per rivelarsi ,

rispondere alle domande remote ,

riguardanti la sua attività terrestre
di governante ultramillenario mondiale .
      Una voce meravigliosa scruta
la mia identità ,
io ho già capito la sua .

Sono Henry Sulpicho da Calangianus ,
Professione ghost writer .

Chiedo perché   in questo tempo cruciale
definito gli ultimi giorni ,
 si ! la persona di KERB (?)
(alcuni nomi sono stati cambiati)
rimane ancora così misteriosamente
anonima , occultata ,
per tutti questi millenni travisata ,
 ingannevole e micidiale ,
mentre il mondo del genere umano
ha bisogno di sapere finalmente

la verità , il suo identikit,chi è,

come è fatto,dove abita

e il suo piano diabolico.

    Sono convinto tuttavia che

la maggioranza   non cambia

il suo pensiero ormai radicato,continua

il suo esistere quotidiano e di routine .

    Il mezzo per presentare Kerb

all'umanità nella sua vera luce oggi ,

è l' intervista incredibile che vi presento .

Pascaredda , dicevo , è una collinetta

al riparo tra spontanea vegetazione sarda

e querce antiche , sughere

che fanno da cornice naturale ,

proteggono come mamme

il figlio che riposa

nel suo primordiale giaciglio

di sonno mortale ,

ci sono sepolti i resti di un primogenito ,

il nefilim Pascareddu , figlio di Kerb.

Il posto isolato , discreto , adatto

il sole è tramontato

una luce diffusa nel blù

mi invita alla scrittura

e non ho paura .

Quale era il tuo ruolo in principio ?

In principio ?

Impossibile capire l'eternità ,

l' infinito spirituale o materiale .

Tutti abbiamo avuto un inizio

nascendo, come tutte le cose intorno

che sono state create ;

siamo tutti nel contenitore

tempo - spazio,

siamo la creazione di Jehowah .

Tutto ciò che vedete è attraverso

occhi di acqua e fango ,

con i limiti umani , mentre

l'infinito non è irraggiungibile per noi ,

gli spazi cosmici sono percorribili .

Accettare questa prima verità

è fondamentale,

per discernere non basta la razionalità

ci vuole l'amore , Amore di Jah !

Il tempo non era iniziato ancora ,

e non si poteva contare

non c'era il principio .

Egli Jhwh era **tutto** da sempre

e non esisteva **l'oltre** ,

nemmeno il vuoto del nulla .

Quando decise , non per solitudine ,

di generare il figlio unigenito

lo " partorì " dalla sua stessa essenza .

Preparò dunque lo spazio , il luogo ,

una dimora … uno scopo !

Ebbe inizio l' Oltre con la via d'ingresso ,

così il figlio era il Principio.

Nessun altro è simile a JHWH .

Il suo nome significa appunto

Egli fa divenire ogni cosa .

Non ti stupire Sulpicho
 se parlo così appassionatamente ,
non t'ingannare ,
 non sono un nostalgico , pentito
o stupido sentimentale ,
descrivo realtà che ho vissuto
in principio, a voi precluse .

Tutta la creazione rispecchia
la bellezza di JHWH ,
le sue qualità lodevoli ,
tutto è bello utile confortevole lodevole .
Sono stato creato come primo cherubino (?)
figlio di Dio , compagno e diretto
collaboratore del Figlio Unigenito ,
MIKL l'artefice .
Assieme abbiamo creato tutti gli altri
figli di Dio , milioni .

Una immensa congregazione celeste

una organizzazione capace e attiva

perfetta ubbidiente famiglia divina .

Difficile per voi capire la grandezza

la potenza maestosa

 di un corpo spirituale .

Che attività negli universi spirituali !

*   Cose assolute fatte dalla forza attiva*

inesauribile , lo spirito santo (rùach)

maneggiandolo nei cantieri celesti .

Davvero eravamo una grandissima fabbrica

unita e felice : regnava l'amore e l'unità .

Tutto era bellezza che spingeva

 alla gratitudine

alla gioia all'entusiasmo ,

rendendo facile e attraente la completa

sottomissione e ubbidienza al Padre.

È la bellezza della vita eterna.

Esisto...

Miliardi di anni prima .....

Il tempo inizia la sua corsa

insieme ai primi battiti del mio cuore.

Ora aprirò gli occhi e comincerò a vivere .

Sento la forza della vita che mi pervade :

è la gioia di essere nato ,

le mie mani sono pronte

ed i miei piedi immersi

nella potenza della luce divina

stanno per avviarsi .

La gratitudine mi spinge

ad aprire gli occhi

per incontrare quelli

di mio Padre Jah ,

che aspettano il mio risveglio.

La Sua amorevole bellezza

mi avvince e mi nutre .

Capisco il legame affettivo , mi attira,

è l'amore di un figlio verso il genitore .

Posso soltanto ammirare, adorare

la sua Faccia. Egli è immenso.

YHWH è Re dall'eternità , l'antico di giorni .

ed i Suoi giorni non si contano.

Alla sua Destra , dalla Sua stessa sostanza

è il Suo Figlio unigenito MIKL ,

il mio Artefice mi sorride irresistibile.

Ecco il tempo , lo spazio , l'ingresso .

il mio luogo di dimora , il mio ruolo

Ogni cosa è nuova .

E' il principio , sono il principio

KERB , sono il primogenito (?)

Jhwh dispone , per amore

solo per amare di creare .

Il suo unigenito Figlio Mikl

sarà l'Artefice ed io KERB ,

il suo Cherubino collaboratore .

La potente forza di Jhwh , sarà usata
nella preparazione degli spazi spirituali,
i luoghi di dimora degli altri figli di Dio
 che verranno alla luce ,
 nel vero senso della parola
e saranno miriadi di miriadi .

I cittadini della Città Santa ,
Il s Santuario dell' adorazione di Jah
La Sala congressi degli eserciti celesti.

Ogni angelo cherubino o serafino
 possederà la propria eredità spirituale ,
una proprietà , la dimora celeste .
Ogni creatura avrà un ruolo un lavoro ,
una relazione intima con il Padre
 la perfetta fratellanza fra tutti i viventi,

uniti dall'Amore , la fiamma di JAH .

Il mio ruolo di collaboratore

e compagno dell'Artefice

 mi completava

La vita nei cieli cominciava .

Ma non è Contraddittorio ?

tu dici di essere il primo

mentre MIKL è realmente

 il primogenito , il principio .

Non hai capito allora che MIkl

 è stato generato **dalla** *stessa sostanza,*

 dal **corpo** *di Jehovah ,*

dalla Sua Persona?.

Certo è il primogenito !

Mikl non fa parte della **comune** *creazione ,*

è di questa che io sono

 il primogenito

hai capito ora ?

E l'universo materiale ,

la terra , l'uomo ?

Un lavoro superiore :

Ciò che era invisibile e spirituale

ora " noi due " io e Mikl

lo facciamo diventare   visibile materia!

Creare dal nulla gli spazi i tempi le dimore

dal reame spirituale a quello materiale ,

preservandone ed esaltando la bellezza divina ,

le dimore dei figli di Dio diventano stelle ,

galassie , ammassi infiniti ,

inventiamo la materia,

i contenitori tempo e spazio   ,

le strade, gli ingressi ;

le qualità spirituali amorevoli

e lo stretto legame tra spirito pensieri

emozioni sentimenti forza ,è azione .

Trasferire potenza alla materia inanimata ,

farla pulsare eternamente ,

come lo spirito santo di Jhwh ,

che non si ferma mai

e non torna indietro , ha sempre successo .

Ora sono tangibili manifeste inescusabili

nell'armonia degli abitanti futuri

fatti anche di carne e sangue

le qualità amorevoli che collegano

l'unità universale dei figli di Dio .

Quando si parla di uomini

non si deve intendere

questo che ora vedete ,

ciò che siete attualmente , Sulpicho ,

cioè un ammasso di polvere malaticcia

di breve esistenza, con molti limiti

e imperfezioni che rendono

questo vostro breve tratto

di esistenza una non vita ,

 folle corsa , schiavitù moritura .

Parlo invece di un uomo fatto

ad Immagine del suo Creatore

con la prospettiva di una vita senza fine

senza malattie e vecchiaia ,

con la facoltà di usare

alla perfezione ,la perfezione

delle sue doti e capacità spirituali

ancora mai adoperate , si !

Immagina :

l'uomo perfetto che non muore mai

in un pianeta pieno delle sue opere

artistiche e complete.

Così doveva essere il nostro fratello uomo ,

che già amavamo.

Questo è stato il capolavoro !

abbiamo racchiuso l'universo materiale

con lo stesso principio creativo,

formula universale :

Una cellula chiamata Terra :

Essa è la rappresentazione della Vita

che si trasmette all'infinito .

Gli ammassi stellari sono

ancora allo stato grezzo ,

pronti per divenire dimore di vite eterne .

Tutto questo era molto buono.

L'uomo e la donna ,

qual' è stata la tua parte ?

E' stato il lavoro più bello ed emozionante,

creare da un pugno di polvere ed acqua,

quasi dal nulla un corpo materiale ,

perfetto nei suoi movimenti , armonioso ,

con le mani che potevano realizzare tutto

ciò che la mente-cuore comandava ,

insomma era forte e bello,

con la capacità di manifestare

l'amorevole frutto dello spirito,

con il sistema cellulare rinnovabile ,

praticamente eterno.

Il suo cervello è il più prezioso dono,

con delle possibilità infinite ,

la meraviglia dell'universo ...

si ! davvero un lavoro molto buono;

La creazione della donna

il massimo assoluto !

era davvero sconvolgente !

Ora, per me, tutto cambiava,

perché l'aspetto della donna aveva

attrattive irresistibili e spiazzanti,

suo marito non mi sembrava più

il fratello minore , l'ultimo nato ,

ma un formidabile rivale,

possedeva delle peculiarità superiori,

assolutamente affascinanti .

L'uomo Adham ,

sarebbe diventato il Patriarca

di tutti gli altri futuri uomini,

figli generati dalla sua stessa sostanza,

come la donna , tratta e partorita

dalla carne e sangue dell'uomo,

ad immagine di Adham,

come Jhwh che aveva generato,

partorito il Figlio

 a sua immagine e somiglianza

 dalla Sua stessa essenza

tratto dalla costola di JHWH .

A lei , alla donna moglie ,

 l'uomo avrebbe trasmesso

 il seme universale

 per divenire la madre di tutti i viventi

 Chawwàh (Eva).

Il proposito divino di popolare

 la terra di figli umani,

 e poi l'universo infinito .

  Meravigliosa opportunità

per questa coppia , l'ultima nata.

Che spettacolo !

Quando tutti i presenti celesti

con grida di gioia applaudirono

lodavano l'Artefice e

JHWH Dio soddisfatto confermò

che tutto era davvero molto buono

... così cominciarono i guai.

Quando le cose cambiarono ?

Quando Jhwh disse a suo figlio
*" **Facciamo** l 'Uomo a Nostra Immagine "*
 tutto cambiò :
 Io mi sono sentito per la prima volta
escluso, la prima volta
ho provato un sentimento ostile.
Da collaboratore gioioso,
ora geloso quindi invidioso,
 fino a sentire un senso di ingiustizia ,
per l' abuso di potere.
    Insomma vedevo una macchia
 nella sovranità divina.
      Stavo cambiando il cuore.
 Per certo potevo capire che
 a Sua immagine era appropriato
perché soltanto loro Due
avevano la fonte della vita .

L'uomo e la donna

divenendo una sola cosa ,

assieme avrebbero generato

figli della loro stessa sostanza

e così in perpetuo.

Da una sola coppia l'universo

sarebbe stato popolato

da uomini e donne uguali ma diversi ,

da una sola coppia ! come Jhwh e Mikl.

Adhàm ed Chawwàh creature materiali

come JHWH e Suo Figlio ,

Genitori Universali !

La famiglia universale a immagine di Dio .

Io dovevo essere grato per il privilegio

di aver assistito allo spettacolo

della meravigliosa creazione

ed esserne anche il principale

custode in Edhen .

Ma qualcosa dentro di me

 spingeva contro quel **Facciamo**

non accettavo

 il mio limite di collaboratore ,

e poi quella relazione così intima

 tra padre e figlio ,

 solo loro Due , sempre loro due !

 Come quest'altri umani primogeniti ,

 ed io benché il primo Primogenito

 ora non potevo farci niente ...

Così la malefica forza dell'invidia

 mi penetrava corrodendo

 e cambiò per sempre la mia vita

 ... non solo la mia

ero diventato oppositore

 il primo ribelle .

Perchè non hai lottato per contrastare e vincere

questo pensiero iniziale errato e distruttivo

parlandone apertamente con JHWH tuo padre

oppure a tuo fratello ed amico l'Artefice MIKL?

Era la prima volta che un servitore di JHWH

Provava , covava un sentimento ostile ,

l'orgoglio cresceva negativamente.

Non volevo confidarmi con mio padre

o con il mio fratello

ormai li avevo rigettati , capisci ?

Continuavo a desiderare una gloria diversa,

fare di testa mia,

mi sentivo ispirato come l'artista

che finalmente poteva creare

qualcosa di nuovo ed unico ,

immortale

una gloria diversa , opposta

dare vita a tutte le qualità malefiche ,

quelle **oltre** i limiti del bene

della verità e dell'amore.

Potevo solo oltrepassare calpestare

i principi stabiliti ,

quell'Oltre era il male

che ancora non esisteva ,

ma poteva avere un principio ,

l'incipit .

KERB Creatore e Sovrano subito!

Spiegati meglio

La gioconda , per esempio,

dipinto di Leonardo da Vinci è unica ,

conosco tutti i dettagli dell'opera ,

ero presente

soltanto lui poteva dipingerla ,

perché ?

perché esiste un solo Leonardo .

A differenza degli scienziati uomini

che hanno scoperto la forza di gravità,

prima o poi potevano arrivarci altri .

Leonardo era un artista sperimentatore

(pensava come un dio)

nessuno dopo lui .

Il dipinto della Monna Lisa

scaturiva dalle dita di Leonardo

dal suo desiderio , dalla visione interiore

della sua esperienza , dall'egocentrismo ,

dalla sua personale concezione

di bellezza divina ;

è l'autoritratto di un omosessuale (?)

nutriva e studiava gli impulsi femminili.

Il suo enigmatico sorriso 04

non è il sorriso indefinito e misterioso ,

ma rappresenta

la maliziosa consapevolezza che paventa

la delusione e la paura   di essere donna .

Dal punto di vista dell'uomo padrone ,

il corpo femminile e la sua bellezza intrigante

*viene esaltata come **preda***

del maschio bramante.

L' essere donna dal punto di vista femminile

 è tutt'altro che sublime o esaltante ,

a parte la maternità primogenita ,

È la prostituzione corporale congenita ....

è frustrazione per un corpo schiavo

della sua avvenenza pericolosa .

Leonardo voleva essere anche femmina (?)

non soltanto per studiare,

 era innamorato

 della sua nascosta immagine ,

 creata così gioconda ....

Un Narciso ! mio notevole servitore

che ricercando, con i tentativi scritti

 copiando studi di altri

 miei antichi servi

 ha ispirato generazioni

 creando uno stile di vita

 alienante dalla Verità di Jehowah .

Inventando la guerra progressiva
con armi e strumenti innovativi ,
confondendo la religiosità cristianizzante
per il sincretismo universale,
rendendola misteriosa e di èlite .
Dio ad immagine dell'Uomo .

Servo del Potere Occulto Illuminato.
Grande peccatore amava
la bellezza anatomica
sopratutto quella dei giovani allievi .

Si adorava , volendo strafare
diventa inconcludente.

Così anch'io come Vinci , molto prima di lui ,
iniziando dalla donna di Edhen
adorando la mia bellezza
mi stavo sviando.

Coltivando e intensificando

questo illecito desiderio di gloria

da grande artista del male

eseguo l'Opera Unica Immortale

che mai più si ripeterà ,

perché nessun altro ci sarà

dopo di me .

Io sarò per sempre l' Artista del male,

l'eccelso , l'unico .

Ecco perché quando in Edhen

 preparando il giardino,

 gli alberi della vita del bene e del male ,

la dimora paradisiaca dei figli umani

dirette creature dell'Artefice ,

Ho capito quale sarebbe stata

 la mia strategia

La donna bellissima,

 desideravo il suo corpo sessuale   ,

il suo favore   , la sua adorazione

e questo significava

  operare la radicale trasformazione.

 Noi creature extra terrestri

 non avevamo organi sessuali ,

 una famiglia soltanto nostra ,

 non potevamo essere

 padri mariti o madri ,

 posso aggiungere che il limite imposto

 non avere il sesso è troppo ingiusto (?)

 perché davvero è stata una prova

 molto difficile per noi angeli ,

Considerando la bellezza irresistibile

unica delle donne

fatte per essere prese ed amate

Questo errore di jhwh ha facilitato(?)

la caduta nel peccato .

L'autogoverno è la forma perfetta (?)

è assoluta libertà

i fatti lo dimostrano

anche se alla fine dei tempi fissati

subiremo la più grande ingiustizia (?)

la distruzione totale .

Questi terrestri fatti di polvere

avevano più di noi

e la creatura meravigliosa

posseduta dall'altro

che ne avrebbe goduto

tutte le dolcezze femminili.

Dovevo impedirlo subito.

Ero invaghito della donna ,

 una nuova sensazione.

 Rappresentava la celeste organizzazione ,

la Donna Madre , la fonte della vita.

Continuai ad ammirarla

e non più come sorella con castità .

 Limite invalicabile ,

il nostro albero proibito .

 A tale creazione superiore ed unica

 dell'uomo e della donna

 io primogenito Kirb

 non avevo partecipato direttamente ,

 come tutti gli altri **solo da spettatore.**

   La volevo soltanto mia o di nessun altro ,

dovevo separarla dal marito ,

 dai suoi Creatori e dagli altri .

Si può arrivare ad odiare ciò che si ama

e si desidera fino a causarne la distruzione !

Anche questi sentimenti indecenti

erano qualcosa di nuovo.

Non potevo sopportare la sconfitta,

questa perdita, questa ingiustizia,

dovevo ribellarmi ,

ero il primo anche così,

dovevo agire e basta !

Io ho fatto il grande capolavoro

della ribellione universale.

Il delitto perfetto .

Ogni vivente doveva essere

il sovrano della propria vita.

Il grande inganno ,

dal più grande ingannatore .

Io ho obbligato jhwh e suo figlio

ad eliminare le loro creature

Da Creatori a Distruttori che forza !

Presero subito nuove misure (genesi 3:14,15)

per non fallire con il Proposito divino.

Così è cominciata la guerra !

Ti dirò di più ,da quell'atto in poi

c'è il rischio che tutto sia compromesso

in cielo e sulla terra .

In Edhen ho dato inizio alla guerra infinita .

Io sono ancora qui come il Dio antagonista ,

mentre il genere umano , in origine

fatto ad immagine di Dio

ora sta morendo , non ce la fa più.

Tu non sai quanto è immensa

la portata del mio regno ,

dei miei poteri ,

la mia malvagità

ora arrivata al culmine.

Noi possiamo viaggiare

dalle dimore celesti attraversandole

per trasformarci uomini,

non ci sono ostacoli , conosciamo

le strade eterne .

Avete pensato alla potenza che abbiamo

nel lavorare maneggiando stelle

e ammassi di energia dinamica ?

Governiamo l'umanità sviata

e condannata.

Ora è vincere o morire !

Ho iniziato la sfida che coinvolge

anche le future generazioni,

e non può risolversi con una sola battaglia.

La contesa primaria universale è :

la sovranità di Jhwh è legittima?

 possiamo autogovernarci

 determinando il nostro destino?

un legittimo dubbio non ti pare?

Ognuno in cielo , sulla terra

  negli Universi

deve prendere posizione ,

dimostrarlo con i fatti.

La sfida non ammette neutralità e ignoranza .

Ora e mai più.

Quindi JHWH non poteva

neanche eliminarvi subito !?

Su questo si basa la nostra ribellione.

 Era appena iniziato

 il settimo giorno creativo ,

dopo la festa in cielo ,

eravamo in aspettazione dello spettacolo ,

 cioè l'unione sessuale

 come marito e moglie,

dell'uomo e della donna.

Per me era il momento d'agire.

 Il desiderio sessuale della coppia cresceva,

e tu sai quanto spinge questa forza.

 Ogni giorno la donna faceva il solito giro

nel giardino per raccogliere frutta,

 passaggio obbligato vicino all'albero

della conoscenza del bene e del male,

l'albero proibito.

L'agguato :

un serpente collaboratore ,cauto,

ed io   Invisibile,Astuto,

con voce ventriloqua molto seducente .

Doveva per forza fermarsi davanti all'albero .

Si avvicina con curiosità quasi infantile

per osservarmi meglio mentre mangio

il frutto proibito e le sussurro

 quanto è bella

meravigliosa con i suoi lunghi capelli

 quasi biondi luminosi con riflessi rossicci,

 cornice stupenda per occhi color dell'acqua ,

 così sinceri e virginei ,

 mentre le sue labbra

 carnose e rosse esprimono

quella strana espressione

  di felice scoperta e sorpresa

 per questo serpente così

schivo innocente timido

bello   con la sua nota cautela

e riservatezza ... ma ora parla

vuole comunicare

qualcosa di molto importante,

ingenuamente con le sue mani

così delicate ma sicure

mi accoglie a se , io mi avvinghio

al suo corpo bianco splendente , nudo

senza difetti , senza ombelico ,

espande un calore che mi stordisce ,

la stringo a me forte ,

le mie estremità di serpente

premono il suo pube immacolato .

Provai un nuovo e forte desiderio:

il bisogno sessuale

è stato allora che decisi

avere il corpo carnale ,

per possedere tutte le donne che vorrò .

Avanzo verso il suo bel viso
 fissandola negli occhi ,
  la sensuale femmina accarezza
la testa di serpente ,
 mi bacia con la bocca calda e umida,
il suo alito profumato mi inebria
 stringendomi tra le sue mammelle
perfette, grandi e sode …
è stato il piacere assoluto, nuovo .

 Ora mi ascolta mentre le costruisco
la prima menzogna e calunnia …
JHWH non ha il diritto
 di mettervi delle prove ,
 e poi non è neanche vero
 che mangiando
soltanto toccandolo morirai ,
 morirete .

Vedi io mangio e non muoio ,

   ora mi sento davvero veramente

libero e potente ,

   per questo ti parlo , per il tuo ,

   per il vostro bene .

Ora sono padrone della mia vita .

Voi non potete mangiare

   da questo bellissimo albero

   e nemmeno dell'albero della vita

      Poi quanti altri alberi proibiti ,

vietati ci saranno ancora, e voi ,

   e tu devi rinunciare ,

   sottometterti sempre ,

   sempre anche a tuo marito

   che ora ti aspetta .....

   Non puoi sottrarti

   al tuo **dovere** di moglie

è lui che deve darti la prova d'amore :

vediamo se ti ama più di tutti .

Portagli questo frutto e se ti ama
  lo mangerà solo per te .
Dopo sarai generosa ,
placandolo , e ti piacerà davvero
quando accoglierai il suo seme
caldo dentro di te .
    Tu sarai la grande madre
 di tutti i viventi .
Il tuo potere sarà grandissimo , eterno ,
 adoreranno la Donna - Madre - Regìna
 veramente assaporerai la vera libertà ,
davvero completa , unica ,
 perché solo così sarai
 la sovrana di te stessa .
 Non ci saranno limiti , mai più
dai stacca e mangia.

Sento i battiti del suo cuore puro

che aumentano picchiando sul mio corpo

di serpente tremante di voluttà

godiamo una nuova intensa eccitazione.

La sua attenzione è rivolta all'albero,

ora diventato bello a vedersi , desiderabile ,

ne sfiora il frutto in modo così erotico

che anch'io ne sento i brividi di voluttà,

adesso è mia , sedotta , è come me .

Stacca il frutto ingannata ma in preda

ad un desiderio irrefrenabile, lo morde

con leggero sospetto , sentendone il profumo

il sapore gradevole continua con avidità,

divorandolo , un altro ancora .

Non muore , sente una strana sensazione

di libertà nuova mai provata .

Adesso è simile a Dio,è una sovrana !

Può fare tutto ciò che vuole,

si sente da Dio.

Ha un solo desiderio : partecipare la scoperta

all'uomo che l'aspetta ignaro ,

con il solo bisogno carnale

giunto al culmine : il sesso è pronto,

la femmina eccitata offre un altro frutto,

con quell'aspettativa che

non accetta rifiuti .

L'uomo ,Adham lo sa che è tutto

un inganno terribile e malvagio .

Deve decidere :

La Sovranità di JHWH oppure

accontentare il capriccio femminile ?

mi ami tu più di questi ?

Cede alla carne , alla donna ,

all'egotismo nascente,

esercita la sua sovranità illegale ,

illegittima ,ribelle , cattiva,

Non pensa alla progenie futura, a voi

che morirete nascendo condannati

già peccatori ,non pensa

al Nome di suo Padre ,alla lealtà ,

alla responsabilità di primogenito.

È la fine ! ha perso ,

hanno peccato … ho vinto !

Era un albero diverso dagli altri ?

Assolutamente no! era come tanti altri ,

comune , senza eccezione ma

rappresentava la inviolabile proprietà altrui,

l'ubbidienza volontaria

alla Sovranità Costituita.

Una dimostrazione di amorevole lealtà

e sottomissione al Padre e Re eterno .

Dopo un determinato periodo di tempo

fissato da JHWH ,

forse alla fine del Suo giorno di riposo

avrebbe consentito

ad ogni uomo e donna leale e ubbidiente

di mangiare dall'altro albero simbolico ,

della vita , per ottenere l'approvazione divina

e il diritto alla vita eterna sulla terra.

Ora quest'albero proibito , nella prova

doveva assumere un significato

e un aspetto molto diverso,

con una forza d'attrazione irresistibile magica,

prova ad immaginare,

il serpente più cauto e schivo

di tutti gli animali

che mangia il frutto vietato,

questo è sconcertante

per la donna che incuriosita

si accosta e vuole capire.

Conosce il comando di non mangiarne

per non morire,

non era una prova difficile da osservare ,

ma una domanda sorgeva spontanea .

perché era evidente che il serpente

mangiando non muore anzi

ora parlava alla donna,

la risposta era chiara ,

pronta anche la donna

per la provocante tentazione

e ricevere la prima menzogna della storia..

"voi non morrete "

Adesso l'albero era bello diverso
desiderabile
così tanto che ne toccò il frutto
lo staccò lo mangiò
e non successe niente..
   il serpente ha ragione
non muore anzi sente
la strana sensazione
come di scaricarsi e liberarsi
da un peso insopportabile ,
corre dal maschio che aspetta
con il pensiero fisso
ecco la bellissima eccitante femmina
che offre il frutto proibito con
quell'entusiasmo giovanile
irresistibile , invincibile,
che non accetta rifiuti

e pur sapendo che era tutta una crudele

fregatura ingannevole

non volendo deluderla,

Adham ne mangia il frutto.

Subito qualcosa cambiò in loro,

ostilità paura,

diventarono sospettosi nemici,

goffi impacciati ma

invece di andare all'appuntamento

all'adunanza quotidiana con Jehowah

si nascosero coprendosi il sesso,

essendo nudi per la vergogna.

Sulpicho, ti voglio dire che il fatto

di coprirsi gli organi sessuali così

provoca desideri illeciti

è intrigante il vedo non vedo

stuzzica l'immaginazione erotica

è stata la mia ispirazione,

il mio cavallo di battaglia vincente .

Il desiderio di scoprire la nudità

con malizia eccitante , che sa di proibito

*   Ho fondato il peccato numero uno .*

Pensa anche oggi lo spogliarsi ,

strapparsi i vestiti , spogliarsi

è l'inizio preliminare

di ogni rapporto sessuale illecito

anche quello più puro .

anzi ti dico che nessuna relazione

sarà mai completamente casta .

Tornando ai peccatori terrestri

che si nascondono da Jhwh

(è il primo passo sparire nelle tenebre)

così l'innocenza, l'integrità

e la lealtà al loro Padre

erano infrante , perdute per sempre

si dissociarono dai figli di Jhwh ,

cacciati dall'Edhen persero tutto

 la loro proprietà terriera

la famiglia , il futuro , la pace

la felicità ,la sicurezza.

 Dovevano morire ! sono peccatori.

il gioco è fatto

ora sono come me , miei schiavi,

non mi vedranno ma saranno

a mia immagine e somiglianza :

Se non posso creare la vita ora

 voglio posso devo creare la morte ,

 anche questa è arte..

è il contrario di tutto

la prima battaglia, la prima vittoria.

E tu cosa hai fatto a questo punto ?

E la reazione in cielo ?

Ma secondo te questa sconfitta ,

questa tragedia poteva passare inosservata ?

non ti ho detto che tutti erano in trepida attesa ,

la reazione in cielo ? che disastro.

I due umani dovevano subito contrastarla

lottare sentendosi offesi

per la calunnia e la bugia contro

il loro Padre Generoso,

la donna doveva immediatamente

fuggire scandalizzata incontro

a suo marito considerandolo ora

un rifugio e maestro .

Tutto finiva lì forse anche la mia vita ,

invece era solo l'inizio , il kaos .

Ricordi la contesa suscitata?

Eccovi la prima risposta..

quanta delusione in cielo

molti angeli iniziano a dubitare,

a rinunciare ... conoscevo tutti loro,

io li ho creati (?)

possono divenire a mia immagine.

Pensa,un terzo dei figli di Dio

schierati dalla mia parte,

che potenza il mio regno,

i miei regni in cielo e sulla terra.

Immagina i miei discorsi sovversivi,

vittoriosi,

in cielo mi ascoltavano

ammirati per il mio coraggio,

la mia Arte

la sfida era all'opera.

Quante nuove possibilità ,

con la potenza di esseri spirituali

possiamo conquistare

gli universi materiali ;

ogni angelo - demonio

poteva esercitare il suo dominio,

con il suo regno ed i suoi sudditi

qui sulla terra ed oltre.

Così inizia la Tirannia.

Jehowah e Figlio

non potevano impedirci

anzi per un tempo fissato

mi concessero l'autorità

di esercitare il mio dominio ribelle.

Inizia la guerra di genesi 3 : 15 .

Ora possiamo fare ciò che era male ,

legalmente

superando i limiti non potevamo

tornare indietro , non volevamo.

La strada dell'illegalità era allettante

e noi non eravamo più gli stessi ,

niente era più come prima.

Non c'era limite al male.

Tu non puoi capire quanto si può

perfezionare la malvagità,

è una forza irresistibile , una voragine

ma dà meravigliosi brividi di piacere

superare il divieto praticare il proibito..

ti ispira , e non ti fermi più !

Quanti mi hanno imitato !

E che triste spettacolo hanno dato

 i due terrestri , ex figli di Dio ,

 a tutti gli astanti .

Si accusarono a vicenda

scaricandosi la colpa vigliaccamente

l'hanno addossata a me

 che ho proposto loro

soltanto una semplice tentazione .

Si presero i necessari provvedimenti

 genesi 3 : 15... il sacro segreto :

Chi saranno il seme del serpente

Il seme della donna,la donna ?

 qualcuno ha il compito

di schiacciarmi la testa ,

devo conoscerlo in anticipo

 posso , devo schiacciargli il calcagno ;

 è una dichiarazione di guerra ,

   l' inimicizia ,

una guerra tra due " semi "

due organizzazioni antagoniste ,

paragonate ad una **donna** ,

ed un **serpente** .

Ho creato così il mito del Salvatore

il figlio di Dio,

il forte che viene dal cielo

Riceve l'autorità di schiacciarmi la testa

e riportare il paradiso terrestre

annullando il male e la morte.

Dalla ribellione in poi a noi

è stata impedita

la conoscenza del Proposito Divino ,

dell'utilizzo dello spirito santo ,

l'invincibile forza attiva di JHWH

che avevo usato con MIKL

tutte le volte nella Creazione .

Nemici ,

non abbiamo più nessuna parte

nelle attività dei reami di sopra

e non possiamo vedere la Faccia di JHWH

così ci è più facile non amarlo

lontano dalla Sua irresistibile Bellezza

alienati da tutto ciò che è bene .

Ci è stato fissato un tempo e poi sarà

la distruzione totale ,

pertanto è comprensibile

che dobbiamo agire con una certa urgenza ,

il tempo è ridotto.

Prima hai parlato di una strategia...

cosa hai fatto dopo la dichiarazione di guerra ?

Si parlava di un " seme " di genesi 3 : 15.

La mia organizzazione ,

gli eserciti erano da reclutare

nelle dimore celesti nell'attesa

che gli uomini

crescessero di numero sulla terra .

Delusi dagli avvenimenti in Edhen

era più facile convincerli ad accettare

il mio piano per la conquista

della libertà di pensiero e d'azione.

Avevo tempo per il mio governo mondiale .

L'allettamento sessuale ha fatto il resto.

Spiare le donne belle e desiderarle

li ha fatti precipitare quaggiù ,

ti faccio un esempio :

la bellezza è ispiratrice di ogni arte ,

ma c'è un limite : oltre

l'intimità e la privacy no !

Ammirare le belle donne è lecito

anche per i fratelli celesti ,

andare oltre nello spiare

" guardando " le loro nudità,

i rapporti intimi sessuali,

è superare la decenza.

Così nasce il voyeurismo ,

si comincia avendo una idea

distorta del sesso

diventa un'aberrazione , sfocia

nell'impura pornografia ,

un desiderio irresistibile, il vizio,

un peccato difficile da correggere :

La forza che ha spinto generazioni

verso l'abisso della masturbazione,

della violenza carnale,

di tradimenti ed atti osceni ,

sodomia e bestialità .

Condotta che degrada relazioni e matrimoni

rovinandone l'esistenza .

Il piacere e godimento è più forte

Praticando tutto ciò che è vietato.

Viene amplificato dalla complicità

di ciò che è illegittimo...

diventa un'ossessione

impossibile da gestire.

Le creature spirituali superando

ogni limite si sono rivestite di materia,

costruendosi un corpo carnale ,

il sesso per violentare

la bellezza fragile umana.

Non ti stupire Henry ,

poiché adesso voi parlate di genoma ,

dna e clonazione.

Noi abbiamo la conoscenza scientifica

molto superiore

e non è stato difficile costruirci

dei corpi umani , manometterli

A volte abbiamo rubato

l'identità di uomini potenti

e donne bellissime ,

ci siamo materializzati in possenti Uri

oppure grandi mostri marini ,

abbiamo generato razze di Nefilim ,

gli abbattitori , figli degli Dei ,

centauri, sirene, draghi ed altro ancora.

Sedurre uomini e donne schiavizzandoli

è stato semplice e divertente .

Abbiamo annullato l'innocenza , la castità ,

sopratutto approvata relazione con JHWH . Si !

Questi extraterrestri hanno attraversato

i cieli abbandonando dimore lavori e privilegi

per "scendere " sulla terra , maneggiando i loro

poteri soprannaturali per edificarsi dimore regali

in competizione e degradando le loro qualità divine ,

 passando all'azione nel soddisfare i loro pervertiti

desideri sessuali illeciti ,infiammandosi tra loro .

Divennero stupratori violenti .

Non potevano più tornare indietro

 la corruzione inarrestabile iniziava

Ora avevo i miei eserciti disposti a tutto !

Che la guerra abbia inizio !

 Ogni conquista è fondata sull'odio

e l'avversione verso il bene,

desiderando soltanto il male,

compromesso , inganno

cattiveria , astuzia

per ottenere si deve cedere

Il pianeta terra era tutto mio ,

potevo condividerlo

con il mio terzo extraterrestre.

   Sovrano in opposizione ,

con i miei eserciti disposti a perpetrare

tutto il male possibile

con una sola meta : distruzione della bellezza ,

della verità , della vita , della via

della Speranza .

`

E che ne è stato di adham e chawwàh ?

La storia biblica dice che sono stati cacciati

dalla loro dimora e proprietà edenica

per coltivare il suolo maledetto,

 producendo ora anche spine e triboli .

Non facevano più parte della famiglia di JHWH ,

dovevano ritornare alla polvere , cioè morire.

 (il giorno che ne mangerai positivamente morirai)

 Il " giorno " degli umani adham ed chawwàh,

allora misurava come il nostro , mille anni ,

era l'eternità , l'abbondanza di tempo ,

adesso entro questo giorno dovevano morire,

cessare di esistere , ritorno al nulla ,

 polvere sterile .

Certo per voi questo può sembrare strano

perché ora la vita umana è molto breve ,

il processo di invecchiamento è veloce .

Adhàm perfetto nel fisico e 930 anni

erano quasi un giorno di ventiquattrore ,

non scordare che prima del diluvio il pianeta

 aveva un ambiente che favoriva

 la vita senza fine ,

 l'invecchiamento non era contemplato .

 Il grande "cerchio" sospeso oltre l'atmosfera ,

composto da una coltre densa di   nuvole

generava sulla terra una eterna primavera.

 Adhàm non divenne un vecchio decrepito ,

adorato dalle sue generazioni

mantenne il suo aspetto bellissimo

fino a quando si polverizzò all'improvviso

alla stessa maniera della sua creazione,

al tempo del facciamo .

Fuori dalla sua ex dimora ,

oltre a generare figli e figlie inferiori a lui

doveva insegnar loro la lingua universale ,

la nostra celeste , quella di JHWH .

Partecipare tutta la conoscenza

che aveva ricevuto da suo Padre.

Era il primo governante mondiale,

tutte le generazioni venivano da lui,

primogenito patriarca e profeta ,

per essere guidati e giudicati .

Pensa : Io il primo degli angeli (?)

Adham il primo degli uomini,

eravamo due primogeniti ribelli

una sconfitta per JHWH e l'Artefice

ma anche il primogenito dell'uomo,

Caino divenne come noi due ,

un ribelle assassino , nel frattempo

Chawwàh continuò a partorire figli e figlie .

I dolori del parto mentre esce la vita
assomigliano a quelli della morte
Il risultato è uguale :
chi nasce ora inizia a morire
per questo il neonato subito piange .
Eva duramente sottoposta dal marito dominante ,
vedeva la sua bellezza sfiorire.
Schiavizzata ,delusa , illusa ,
come quel perfetto sogno d'amor infranto .

Certo ho causato un grave danno
un artistico malvagio capolavoro , irripetibile !

Hai parlato prima di strategia , in pratica

come hai reclutato e organizzato il tuo seme ,

i tuoi eserciti ?

Ricordi gli alberi vietati in Eden ?

l'albero della vita custodito da cherubini

con turni di guardia regolari

fino al diluvio dove

anche questi alberi furono eliminati.

Io li usavo per reclutare i miei eserciti .

La prima costrizione militare

Hai presente i riti di iniziazione ?

In ogni tribù per segnare il passaggio

da bambini a uomini

i giovani devono superare prove

da " grandi ", di coraggio,

tornavano guerrieri pronti alla guerra .

L'albero del bene e del male ,

rappresentava il diritto di JHWH

di stabilire leggi limiti e principi,

essendo il Creatore

il Legislatore e Sovrano Signore .

Ogni creatura in cielo e sulla terra

può ubbidire o ribellarsi

Ecco la mia geniale idea :

chi voleva schierarsi con me

doveva mangiare del frutto vietato,

penetrando nell'Eden , sfidando JHWH

rubare il fuoco sacro ai cherubini guardiani

diventavano così " guerrieri del male "

angeli nefilim , uomini e amazzone ,

ed altri sotto prodotti

furono sedotti da questa prova del fuoco .

Quanti miti e leggende fiorivano :

i cattivi erano i cherubini dell'edhen

(i mitici draghi che sputavano fuoco).

Ogni tribù ha la sua costrizione militare.

Ecco la prima forma di governo :

regni sussidiari angelici - terreni ,

popoli che vivono a stretto contatto,

dentro città e villaggi si incattiviscono ,

una claustrofobia collettiva ,

(vedi oggi le megalopoli e parassitopoli)

caserme , prigioni e fortezze ,

più facile sottoporre , controllare

dominare schiavizzando.

(il mio grande Regno è fondato sul terrore

Tutto il pianeta era stato affidato a me ,

persa la dimora in Edhen, i ribelli cacciati

avevano lasciato la loro proprietà.

Fuori dalla loro ex casa legittima ,

i figli degli uomini non possedevano nulla.

Il paradiso perduto lo vedevano da lontano .

Il pianeta terra era mio ed io potevo gestire

questa immensa proprietà e darla a chi volevo.

Ho distribuito dei regni ai miei satrapi o vicerè

Ogni regno testimoniava una sovranità diversa

tante Atlantidi , città stato ,

edificate con ogni arte

di costruzione superiore ultra moderna ,

scioglievamo anche i massi di roccia

plasmandoli imitando

le originali dimore celesti perdute.

Dovevo esercitare la mia sovranità

dimostrare che possiamo autogovernarci

nuove leggi per mantenere l'ordine mondiale,

governanti ombra pronti al tradimento ,

alla mia vendetta.

La politica:

Il popolo si affida al re guerriero vincitore ,

che li affida al sacerdote con il suo ruolo

di mediatore – imbonitore delle masse

con parole mistiche coreografate :

ecco la religione della paura ,

consegna il popolo agli dei

pretendono sacrifici umani,

i primogeniti

per donare protezione e benedizione

le vergini spose meretrici i riti propiziatori

con i loro campioni , i figli degli dei ,

nefilim giganti giustizieri,

gli eroi famosi , i mitici Eracle Achille

e tutti gli altri miei figli ,

come Pascareddu , il mio eroe sardo

nefilim che ho strappato alla madre

Naama figlia di Lamek da Caino,

 dopo averlo svezzato perché

quando la donna diviene mamma ,

 anche la più perversa , ricopre

 il ruolo materno totalmente ,

non c' è posto per altri nel suo cuore .

 L'ho affidato a dei pastori sull'isola antica .

 In seguito ha sterminato la stirpe

 protosarda di Narak,

 una genia che riuscirono a rendere schiavi

 alcuni nefilim pedofili e antropofagi ,

seducendoli con gruppi di donne bellissime

 sessualmente disponibili , fino a renderli esausti ,

venivano quindi accecati e usati

 per la loro forza gigantesca

alla costruzione delle fortezze nuragiche.

Pascareddu preservò un rimanente,

i barbagi.

Sedotto dalla bellissima Bainjah

figlia primogenita

del re nuragico Bag da Nur

permise a questo clan di tornare

ai monti centrali sardi .

Per questa sua debolezza e ribellione

Pascareddu è stato sacrificato insieme

alle 40 vergini barbagie , nel mese di abib ,

scannate sopra l'altare diventato

anche la loro tomba,

(alla commemorazione del sacrificio

il 17 aprile 2011, tu Sulpicho

sei stato spettatore imprevisto).

Dovevo dimostrare che non tollero

roivalità e nessun errore.

Esigo esclusiva devozione.

Dalla fondazione del mondo ,

da Abel in poi il genere umano

ha condotto un'esistenza da perdente,

chi ha trovato la gloria, ricchezza, bellezza ,

(per mia grazia divina)

è stato il più infelice perdendo tutto .

Gli dei governanti , idoli protettori

sono traditori malvagi

è la loro natura di serpente velenoso .

No no , aspetta, spiegati meglio..

stai parlando delle città antidiluviane ,

degli angeli che si sono materializzati

 e che hanno avuto dei figli con le donne,

 i cosiddetti giganti o nefilim ,il mito ,

che hanno costruito le residenze dei padri

 con il contributo degli schiavi umani ,

opere straordinarie chiamate atlantidi

ritrovate in Egitto ,

in Sardegna ed altri luoghi famosi,

fondamenta delle metropoli moderne

 sono le rovine antiche ?

Allora alla fondazione del mondo ,

 Caino il primogenito

 non ha mostrato di essere il seme

che doveva schiacciarmi la testa .

Ingannato dalla madre Eva

che vedeva in lui il promesso Salvatore

che l'avrebbe vendicata.

Spinto dalla delusione di vedere
la sua offerta respinta
mentre i sacrifici offerti da Abel
graditi da JHWH con una spettacolare
dimostrazione infuocata
dai guardiani cherubini edenici .

Nonostante l'avvertimento amorevole ,
 assassinò suo fratello Abel
divenendo così il mio primo seme ,
 Nessun altro figlio di Chawwah
dimostrò d'essere il seme di genesi 3 : 15...

Così iniziò la mia ricerca nel tempo
per l'identificazione del seme della donna .
Caino fuggendo al paese di Fuga
con una sua parente come moglie ,
 costruì una città .
Pensa che tutta la sua progenie mi servì

fino al grande diluvio, quindi eliminata,

tranne la moglie di Cam ,

ultima sua discendente.l

Tubal forgiatore di armi

e Iabal fondatore dei nomadi e mercenari,

Iubal musicista.

Il mio esercito celeste quaggiù

fece tutto ciò che era male

che più male non si poteva.

Il mio piano era di portare l'uomo

all'autodistruzione ,sostituendolo

con la   progenie ibrida dei Nefilim,

Uomini e donne potenti , alti dai 8 ai 10 cubiti ,

K che vivevano soltanto 30 - 40 anni circa.

Volevo che il " seme " della donna

andasse perduto .

Quando Enoc il servitore di JHWH

pronunciò la profezia

della punizione degli empi peccatori,

nessuno ascoltò, rischiando la brutta fine

per mano del mio seme,

JHWH lo prese, salvandolo.

Un altro aspetto dell'inimicizia,

della guerra tra i due semi è

l'opposizione violenta iniziata

contro i profeti di Jhwh.

Enoc il primo profeta,

ruolo molto pericoloso proclama al popolo

messaggi di condanna ai Suoi nemici.

Io non voglio che il popolo conosca

la Verità

nasce dunque l'organizzazione ombra,

per contrastare i profeti, confondere le genti.

Il successo è provato: nessuno mostrò fede

alla prima profezia, solo otto persone.

La fine di quel mondo venne veramente.

Noè fu l'unico che manifestò fede,

coraggio costruendo

un grande riparo per gli animali

designati alla salvezza da Jhwh,

assieme ai tre figli e le rispettive mogli,

in un tempo difficile, pericoloso

per la violenza inaudita.

Noè uomo notevole, patriarca fedele

eccellente costruttore navale inventore

proclama per 50 anni il diluvio

ma nessuno ascolta, ci crede.

Il diluvio universale, improbabile

per la cultura classica,

ma una realtà se misurate l'acqua

che c'era sopra il pianeta

e quella radunata negli abissi oceanici.

Avete mai pensato alla violenza

 delle precipitazioni liquide , solide ,

 su una superficie terrestre travolta ,

 capovolta e trasformata così tanto

 poiché l'acqua radunata nell'atmosfera

sotto forma di dense nuvole, gas elettrico ,

(era quella massa che " l'artefice ed io " ,

 avevamo sollevato per metterci

 in mezzo l'atmosfera)

 quando quelle cateratte precipitarono

 colpite dalle eruzioni vulcaniche violente

 più di tantissime bombe atomiche

 e le altre masse bollenti depositate

nelle incandescenti profondità terrestri

 devastarono il globo ,

tutte le superfici furono

sconvolte, disciolte e trasformate .

 l'asse terrestre subì uno spostamento .

Ogni costruzione, ogni monte

scaraventati sottosopra,

la distruzione totale

provammo paura, il terrore della morte,

molti del mio seme ,infatti furono distrutti.

Non ci fu dunque più posto per noi

sulla terra,

rischiando così la distruzione

prima del tempo fissato.

Fu allora che abbandonammo

i nostri corpi materiali,

per riprendere quelli spirituali, celesti.

lasciando sulla terra devastata

i nostri regni distrutti,

per tornare nei reami di sopra confinati

da JHWH in un luogo lontano,

separato dalle attività celesti,

senza niente per noi nei cieli.

Le dimore magnifiche terrene,

che io ammiravo e governavo ,

  devastate , la nostra progenie ibrida ,

 il mio seme terreno

 condannati a morire annegando

  sprofondando nella melma devastatrice .

  L'arca di Noè , che costruzione !

 133 metri di lunghezza 22 di larghezza

e 13 di altezza ,

  due piani per un volume complessivo

di 40.000 metri cubi ,

  con tre ponti che provvedevano

un'area di circa 8.900 metri quadri .

Un transatlantico tutto ricoperto di catrame

 dentro e fuori con legno resinoso

 (alberi di gofer)

che resistono all'acqua per migliaia d'anni .

(133 m.di tavole..primo piano , 133 m. secondo ,

133 m. terzo piano , con il tetto)

ricoperte sotto e sopra di bitume ,

perfette misure

come lo sono le grandi navi di oggi ,

Perché non credete che i resti

dimorino sui monti dell' Ararat ?

per non assumervi la responsabilità di agire

dando credito alla parola scritta di Jhwh ,

preferendo miti e leggende di seconda mano ,

ma per noi va bene così!

Siete dalla mia parte !

Siete il mio seme o no ! ?

Male per voi ! bene per me .

Le circostanze dopo il diluvio

sono cambiate ?

Come era da prevedere abbandonate

 le dimore celesti

non ci è stato permesso di riprenderle ,

 disassociati dalla organizzazione universale

Jhwh ci impose un altro limite :

 non possiamo più costruirci

 un corpo per tornare sulla terra ,

 come prima , perchè

 non faceva parte della contesa .

Dovevo inventare qualcosa ,

 la guerra era appena iniziata ,

avevamo ancora del tempo

 per rispondere alla inimicizia

inventando altre forme di governo .

Intanto i figli di Noè

popolavano la terra   del mio " seme " umano .

Le città e le grandi costruzioni megalitiche

ormai completamente distrutte ,

i nostri figli giganti frantumati

e non potevamo più generarne .

A proposito ora

a Pascaredda di Calangianus,

tu sei seduto sopra ai resti sepolti

del mio figlio Pascareddu , nefilim

avuto dalla figlia di Lamek, Naama ,

qualche tempo prima del diluvio .

L'ho conosciuta alla festa degli Dei

per un grande sacrificio :

Lotte tra nefilim rivali , eroi mitici contro

grandi uri, centauri contro minotauri ,

belle femmine e maschi

che ballavano offrendo , facendo sesso

poi il grande sacrificio ,

con un enorme versamento di sangue,

preferendo quello umano ,

 perché più dolce e prezioso .

La musica sensuale era da Iubal.

 Naama sua sorella era la regina dei balli,

" piacevole "significa il suo nome

 per me fu un colpo al cuore ,

come rivedere Chawwàh , nell'Edhen .

Mi assalì il desiderio di provare

 ancora il piacere originale ,

 subito mi trasformai nel grosso serpente ,

 Naama improvvisò un ballo così erotico ,

 un amplesso " bestiale ",

che superò il godimento   originale ,

notevole il contrasto :

 con Chawwah il piacere era violare

la sua innocenza e castità

corromperne la preziosa purezza

con Naama il piacere di assaporare

la sua perversa corruzione

(Non ti nascondo , Sulpicho ,

che ho imparato molto dagli umani ,

 mi danno tanta soddisfazione .)

Questa femmina era prostituzione personificata ,

 molte " escort " lo fanno

 sacrificandosi per interesse ,

 Naama si concedeva con piacere assoluto,

 appagando completamente anche

le voglie più degradanti , impensabili

del cliente - amante,

 e ne provava una goduria intensa , perfida ,

eppure non disdegnava la ricompensa.

Era prostituta dentro, come una religiosa .

La nostra relazione continuò fino al diluvio

non potevo salvarla,

 un ricordo nostalgico ?

Non sono fortunato in amore .

Comunque dovevo iniziare tutto daccapo,

identificare il misterioso seme rivale .

 Intanto dalle montagne di Ararat

cominciavano

a spargersi i figli degli uomini

 occupando i nuovi territori

e già conoscevo

 i nostri futuri schiavi , i figli di Cam ,

 non volevano disperdersi ,

 allontanarsi dal paese di Shinar

 rifiutando il comando di JHWH

di essere fecondi per riempire la terra,

 man mano che si ritiravano

 le acque diluviane emergevano

le nuove terre e tante isole

da popolare e sottoporre.

Ora la terra seguendo le direttive di JHWH

poteva essere divisa pacificamente ,

equamente .

Ogni famiglia poteva scegliere

la sua proprietà terriera

guidati dai Patriarchi Noetici.

   La stoltezza del genere umano

e la sua innata cattiveria

spingevano comunque contro,

incoraggiati dal mio seme .

La confusione delle lingue da JHWH ,

dopo circa 100 anni dal diluvio,

frustrò la ribellione .

Il proposito di Dio non è cambiato ,

il suolo non era più maledetto,

la terra era pronta

per concedere frutti in abbondanza,

famiglie patriarcali con l'eredità terriera

pacifica convivenza mondiale.

Tutti fratelli , sudditi del solo governante, JHWH,

che avrebbe istruito e guidato amorevolmente

la sua grande famiglia terrestre,

riportandola alla perfezione dei figli di Dio .

Solo pochi volevano veramente

tutto questo ben di Dio.

(I fatti fino ad oggi lo dimostrano) .

Nimrod il mio primo eroe ,

un altro Messia Salvatore

il forte che viene dal cielo

figlio di Kus figlio di Cam

voleva farsi un nome celebre

(il suo vero nome,   resta sconosciuto)

e costruire le quattro città ,

come Caino suo antenato.

Diventa così Re Dominatore Dio .

Sottoporre per la solita gloria effimera .

Nimrod primogenito ribelle potente

cacciatore in opposizione a JHWH,

cacciava anche uomini.

Prometteva protezione ,

poiché dopo il diluvio le bestie feroci

erano un pericolo nuovo,

anche gruppi di ribelli e ladri

minacciavano le famiglie.

Nimrod vendeva sicurezza.

Al centro del quadrilatero, in Shinar

costruisce la grande torre ,

sopra le fondamenta antiche

(ispirato da me ,dal Mito):

Un grande fallo contro Jhwh ,

a somiglianza delle grandi città degli Dei ,

rassicurando il popolo

dal pericolo di un altro diluvio,

(non bastava il patto dell'arcobaleno?)

Zikkkurat alta fino al cielo , la sfida.

Le quattro città come quelle lassù nel cielo .

Il palazzo reale , un esercito, donne pronte ,

un tempio, prostituti sodomiti sacerdoti

e sacerdotesse idolatri .

 A Babilonia ho creato il capolavoro

della "religione di stato",

 stabilendo la mia adorazione universale

la capitale religiosa del mondo

invece di essere dispersi nel pianeta

la religione , una sola unita

 sotto la mia direttiva

ma Jhwh confonde le lingue ....

ancora tutto da rifare !

Il Mito il popolo lo porta con sé.

Ripresi la prima menzogna inventando

 l'illusione dell'immortalità e della trinità

 così Nimrod non è morto , è in cielo ,

con la madre di Dio,il Messia

Ha messaggi per i suoi sudditi schiavi fedeli .

Dopo di lui ogni re rivestirà la sua regalità

" per grazia di Dio " .

Ho ripreso il mistero della trinità ,

promuovendo l'adorazione dopo il diluvio,

di questa divinità misteriosa .

Tutta la devozione del mondo

veniva a me,non a JHWH.

Ho inventato l'adorazione degli idoli,

le reliquie mistiche , le immagini sacre

venerare per visione non per fede ,

e quanti riti inutili e odiati da Jhwh,

alla base di ogni razza,

dall'immoralità dei prostituti di tempio

alle vergini spose del Signore ,

le vestali suore ,

e poi i misteri dogmatici ,

classi clericali venduti alla politica,

manovrati dagli Illuminati, i potenti,

le famiglie millenarie della terra ,

i padroni delle risorse del pianeta

e dell'economia globale .

 Hanno ricostruito le nuove città,

 sulle fondamenta di quelle antidiluviane ,

le dimore terrestri dei miei " dei " ,

i nuovi giganti nefilim illuminati.

Ora dovevo "accontentarmi " degli uomini

e farli diventare Grandi , per un po'

ricompensarli con la repentina discesa ,

chi vuole esaltarsi sarà umiliato , non è vero ?

 Nuovi " dei " di polvere manovrabili :

sono i famosi generali principi e re ,

uomini di religione

di pensiero , inventori , costruttori ,

eroi , giovani disposti a tutto ,

vecchi saggi pericolosi, filosofi e asceti.

Ho ideato metodi moderni per governare

reclutando le nuove generazioni,

separarle e allontanarle

impedire la conoscenza di Jhwh ,

dalle contese in atto .

Nuovi luoghi di culto e depravazione

nuove ricche religioni, culture scientifiche ,

seducendo le masse dei fedeli

mantenendole nell'ignoranza

appagando in modo superficiale

il loro bisogno spirituale

di adorare Dio .

Riti preziosi inutili , incomprensibili

molto sentimentali corrompendo

cuori semplici ma orgogliosi

che si allontanano dalle contese

suscitate in Edhen ,

menti completamente sviate

da esistenze vissute nell'inutilità ,

nell'ignoranza superstiziosa ,

morire senza dare un senso alla vita.

Il razzismo , nazionalismo ,

l'evoluzionismo democratico,

 fucina di nuove forme di governi

politici parassitari dispotici .

L' esistenza è fondata sulla competizione :

 guerre tra fratelli , guerre di idee,

guerre per avere di più,

per salire tanto in alto di tutti e poi giù .

 I prigionieri del tempo : chi sono , chi siamo ?

Tutti quelli che hanno peccato ...

(peccare significa fallire il bersaglio)

 In cielo angeli ribelli e sulla terra

tutta la progenie   del genere umano ;

 prigionieri perché hanno perso il diritto

 alla vita eterna senza limiti   di tempo .

 Il peccato ha interrotto la loro permanenza,

avremo una fine, il tempo definito .

Pensa a tutti gli uomini ,ogni cosa che fanno

muore diventa polvere , si dissolve annullandosi .

Gli spazi sono condizionati dal tempo ridotto ,

così i loro pensieri , le relazioni affettive,

le opere. Tutto , ma proprio tutto ,

 torna alla polvere inutile!

Il prigioniero del tempo non ha libertà,

ha libero arbitrio ma è condannato

a scontare la pena ,

 essendo privato dell'unica ricchezza

che gli appartiene : il momento presente

 ovvero quel che gli rimane : l'oggi da vivere

Carpe diem disperatamente,

 da usare e consumare mentre passa

 inevitabilmente prima della fine , mortale .

Per me ed il mio esercito celeste

 non ci sono occasioni di fuga o grazia ,

la sentenza di morte è irrevocabile

per l'umanità stesso destino.

con la sola unica possibilità .

Io ho creato per loro delle false libertà
che superficialmente appagano
 ma sono un artistico e perfetto inganno .
     Il tempo per la fatale resa dei conti
 sta per scadere , sto radunando
 tutti questi prigionieri del tempo,
 alla finale distruzione, alla libertà
all'unica che la morte eterna dà .

Ora , so che non mi crederete
 perché non dedicate il tempo
 per rifletterci sopra .
Si, l'esistenza è diventata una corsa
 contro il tempo perduto ,
 perché il nostro e vostro tempo
 è scaduto .

Ho esaltato il sesso

nella sua impurità più sconvolgente,

strumento formidabile per travolgere

nei peccati più sfrenati

che hanno rovinato ogni famiglia terrestre .

Il mio pensiero fisso è stato distruggere

la linea di discendenza del misterioso seme ,

per impedire ad ogni costo a quei pochi leali ,

malgrado le trappole non ancora esaurite ,

che continuassero con assoluta devota lealtà ,

spirito di sacrificio ad aspettare

le promesse divine,

e farne una campagna di informazione

mondiale inarrestabile protetta ,

diretta benedetta dal loro Jhwh .

Ora dovevi cambiare strategia ?

Certo era più facile prima ,

ma ti dirò che le nuove strategie

mi hanno dato molte soddisfazioni

perché mentre cresceva la cattiveria in noi

anche le tattiche diventavano più raffinate

pericolose : trappole mortali ,

direttamente non possiamo distruggere

ma causare loro sofferenze, disperazione ,

allontanavano dalla realtà , senza più forze.

in completa vulnerabilità .

Non potevamo farci un corpo carnale ,

ma entrare dentro ai corpi si ,

quelli già esistenti , umani .

Era un rapporto sessuale con piaceri insperati

non importa la bellezza esteriore della donna;

hai notato che le donne scelte ,

medium e streghe

sono prive di ogni attrattiva sessuale ?

ma penetrare nella loro mente,

maneggiandone i pensieri

il cuore con le sue emozioni e sentimenti

 depravandoli , distruggendo la spiritualità

si **possedere** queste mortali

 è stata una idea vincente

che funziona !

La divinazione formidabile strumento

 per sedurre e rendere schiavi ,

 paura della morte , dei morti , dell'ignoto

spiritismo, l'astrologia , chiromanzia ,

interrogare i morti ,superstizioni

le magie.. i misteri occulti , la tradizione .

 Tutto è iniziato a Babilonia , le quattro città ,

non è stato difficile reclutare uomini e donne

 " timorati " di Dio medium e astrologi ,

visionari , profeti , streghe , stregoni , sciamani.

Grandi segni nel cielo

per sedurre spaventare e far credere

voi non morrete...

(prima menzogna nell'Edhen)

ecco quindi le dimore celesti

per i defunti , cari estinti ,

anime in pena e fantasmi,

il bluff della rincarnazione ,

paradiso purgatorio inferno

riti e cerimonie per questi stupidi

creduloni pavidi bigotti ,

e quanti sacerdoti e sacerdotesse

impiegati per " mediare "

tra Dio e gli uomini

Ma quanto costano !

Loro dicono parole incomprensibili

piene di intelligenza classica ,

non potete capire

voi comuni mortali .

Ho reclutato "i grandi pensatori ",

con le loro filosofie e sistemi di vita

hanno guidato interi popoli e grandi nazioni

li hanno sviati allontanandoli dalla **verità**

e posso dire che anche oggi , Sulpicho ,

la maggior parte dell'umanità

conduce la propria esistenza

sulle basi pericolanti

da questi padri classici

sviati magistralmente da noi.

L'obiettivo principale : impedire

la discendenza del **seme** e attirarli

nella contesa della sovranità divina

dalla mia parte ,

secondo la loro natura peccaminosa .

anche in questo caso , dopo il diluvio ,

hai dovuto organizzare qualcosa ?

la *genealogia continuava con Noè*

il **seme** *doveva venire da uno dei tre figli*

escludo Kam già mio infiltrato , anche Jahfet

che si è subito allontanato e diviso.

Sem è stato il famoso Melchisedec

re di Shalem , sacerdote unico di Jhwh .

Abraamo consegnò a lui le decime .

Pensa : Sem conosce suo bisnonno

Metusela figlio di Enoc,

che ha conosciuto Adham

aveva informazioni dirette

essendo testimone oculare del diluvio ,

trasmise questa conoscenza ad Abraamo .

Dunque la discendenza del seme

continuava da lui, non ti pare ?

Jhwh fece un patto con questo patriarca

perchè tutte le famiglie della terra

si sarebbero **benedette** tramite il suo " seme ".

Abraamo ha dimostrato nel tempo

di essere vero amico , unico adoratore di Jhwh .

Con la moglie Sara intraprese un viaggio ,

lascia in Hur , case , proprietà , ricchezza

famiglia amici e sicurezza ,

verso un territorio sconosciuto , pericoloso

avrebbero percorso il paese di Canaan

in lungo e in largo,

per tutta la loro vita , dimorando in tenda ,

come residenti stranieri temporanei ,

Questa terra promessa sarebbe stata

posseduta dai loro discendenti ... ?

Sara era sterile , 65 anni lei e suo marito 75 .

Io dovevo concentrare la mia attenzione

su questa famiglia.

I miei collaboratori celesti operavano

in tutto il globo

fomentando guerre ,

regnando sopra grandi dinastie ,

opprimendo i popoli

ne causavano la caduta.

Devo ammettere che Jhwh puntualmente

ha sempre provveduto aiuto

e guida ai suoi pochi leali sulla terra ,

nonostante la mia persecuzione

e le subdole trappole diaboliche .

E' la guerra con le sue strategie

e le sue leggi crudeli .

Ho tentato di separare la vecchia coppia,

mandandola in Egitto ,

visto che Sara era molto bella

(era forse la donna di genesi 3 : 15 ?)

poteva appartenere al Faraone

*impedendo la continuità del **seme** .*

Per ogni mio attacco Jhwh

fa trovare la via d'uscita,

se ci sono ubbidienza e intimità .

L'importante è non arrendermi mai !

Nasce Isacco , primogenito ,

quindi Esaù e Giacobbe ,

la primogenitura

non era molto apprezzata da Esaù ,

(la storia si ripete)

quindi un altro problema :

Giacobbe diventa con inganno primogenito

genera dodici figli

ora dovevo stare molto attento ,

uno di loro doveva condurre al Messia.

Ancora non era chiaro il tempo fissato

il senso di urgenza è sempre vivo .

I primogeniti Ruben e Giuseppe ,

uno di loro il seme?

dovevo star attento .

Ma non poteva " il seme" passare

per un parente lontano

 o discendente di Abramo ?

Ora ti parlerò di una esperienza celeste .

 Assemblea nei reami di sopra

Jhwh riunisce i suoi figli per istruzioni ,

 sono necessarie anche nei cieli

 delle assemblee e scuole

 per ricevere le direttive dal Figlio ,

 la Parola di Jhwh ,

 pure delle occasioni per rafforzare

i vincoli fraterni

e manifestare la santa devozione

al sovrano signore Jhwh .

Si svolgeva dunque alla presenza

 di Jhwh e suo Figlio

questo congresso celeste ,

io non avevo più nessuna parte ,

non ero stato invitato .

Eravamo relegati nel " luogo provvisorio",

  ma ci sono delle vie e strade immense

  per entrare e viaggiare nei vari universi.

Mi presento dunque , senza invito ,

gli occhi di tutti gli astanti angelici

erano puntati verso me ,

  mentre Jhwh mi rivolge la domanda :

  da dove vieni ?

  rispondo : dal percorrere la terra

e camminare per essa ,

  prosegue Jhwh :

hai rivolto il cuore al mio servitore Giobbe ,

  non c'è nessuno come lui sulla terra ,

  uomo irriprovevole e retto,

  che teme Dio e si ritrae dal male ?

rispondo : è per nulla

  che Giobbe ha temuto Dio ?

  hai benedetto l'opera delle sue mani ,

ma per cambiare stendi la tua mano ,

 ti prego , suvvia

e tocca tutto ciò che ha e vedi

se non ti maledirà !

Jhwh quindi mi disse : ecco ,

 ogni cosa che ha è nella tua mano ,

 solo non stendere la tua mano contro lui stesso .

    Non ti sembra una provocazione ?

 Avevo ben altre intenzioni presentandomi

 all'assemblea in cielo ,

 e invece ne nasce un'altra contesa

da presentare e risolvere :

Ogni creatura messa alle strette

 per salvarsi la pelle

rinuncerà al suo rapporto personale con Jhwh ?

Pelle per pelle e maledirà Dio !! Dico io .

Io sono convinto che la maggioranza

avrebbe ceduto alle pressioni.

Il tempo mi ha dato ragione.

Ora dovevo organizzare un'altra guerra:

Coinvolgere tutti in cielo e in terra.

Tu non sai quante cose ho capito

dalla esperienza di Giobbe.

Sulla terra era il prediletto di Jhwh.

La sfida ebbe inizio.

Un uomo ama e cosa c'è di più caro dei figli?

Ho il consenso di mettere alla prova

la sua integrità di adoratore di Jhwh,

la pazienza, il suo punto di rottura.

Faccio perire tutte le sue proprietà

e tutti i suoi figli contemporaneamente,

una notizia tremenda dopo l'altra

distruggere è molto eccitante,

sopratutto per le sofferenze che causa.

Niente! Giobbe resiste,

nemmeno la disperazione della moglie

che lo spinge a maledire Dio e morire ,

provo con la malattia più ripugnante .

    Le sofferenze fisiche e mentali

non solo possono fiaccare ogni volontà ,

abbruttiscono e facilmente portano

alla depressione , alla morte " dentro " .

 Pensa che sulla terra allora

solo un uomo Giobbe ,

adorava Jhwh in modo irreprensibile

è sempre la minoranza .

Quando un uomo ricco perde la sua ricchezza

perde il favore e il sostegno di tutti ,

gli amici più cari ti accusano con sospetto

divieni uno che fa schifo anche per tua moglie,

che ti spinge a maledire Dio e morire

e tu rimpiangi di essere venuto la mondo

disprezzi la vita

davvero non capisci perché

tutta questa inutile crudele sofferenza

 Dio la permetta

e non fa niente , niente ;

 poi ci sono i poveri cronici

che accettano questo "destino " infame

 non si lamentano , non hanno forza per cambiare ,

non aspettano nessuno e niente

  vivono nell'ignoranza senza entusiasmo

senza una ragione , aspettano

 la morte come liberazione .

Per essere un uomo di integrità ci vuole

 tanto ma tanto amore per Jehowah ,

devi conoscerlo , benché non sia lontano

 io ho reso molto difficile la strada

 che porta a Lui

se mai la troveranno , la troverete .

Scusa per la domanda molto personale

non provavi nostalgia e rimpianti per la vita

al fianco dell'Artefice che hai abbandonato?

Tu non capisci il potere della malvagità .

La corruzione "dentro" si può paragonare

alla ruggine che corrode totalmente

rendendo inutilizzabile .

Il mio ruolo di oppositore ribelle,

le mie azioni malvagie

hanno annullato completamente

ciò che di buono

era rimasto nel mio cuore ,

le opere malefiche

hanno intensificato , affinato

e raffinato la mia malvagità .

Ho appreso molto dagli uomini

che sanno essere molto crudeli .

La mia mèta è fare male il più possibile ,

fino a quando ne ho il tempo .

Quando ripenso al mio passato in cielo

ora provo soltanto sentimenti di ostilità

verso i miei Nemici Celesti .

La malvagità rende completamente

insensibile al bene .

 questa realtà mi ispira a trasformare

a ridurre così cattivi tutti gli altri

Nessun rimpianto , rimorso o nostalgia .

Troverei scomoda adesso la mia posizione lassù .

Irreversibile è la mia vita , senza pentimento .

Sono prigioniero del tempo , è l'ultima ora !

Questi sono i sentimenti che solo

chi è totalmente corrotto

può capire ed apprezzare .

Torniamo a Giobbe, quindi

 non faceva parte del " seme" ?

Anche se era un discendente

di Abraamo e di Esaù
 non era incluso nel seme ,
comunque è stato un uomo notevole ,
 primogenito esemplare
 per la sua integrità , una rarità ,
mentre la maggioranza continuava
ad ignorare Jhwh
 preferendo l'adorazione idolatrica
 inutile , fuorviante.

 Ora la mia attenzione si spostava
 ai figli di Giacobbe o Israele
che stavano sciamando in Egitto
 e creando il problema a Faraone
tanto che usò la tirannia
 per arginare questa supercrescita .
 Ogni primogenito ebreo doveva essere
esposto cioè eliminato ,
ma come al solito dalla famiglia di Levi

viene il problema

la moglie di Amram non vuole uccidere

il neonato maschio

 così lo affida dentro una piccola arca al Nilo ,

 all'Iddio di Abraamo , Isacco , Giacobbe .

Mosè adottato dalla sorella di Faraone

ma le radici ebree non vengono estirpate

perché la mamma naturale

ne ha cura fino allo svezzamento

insomma conosci la storia .

 Io avevo sempre il pensiero fisso su chi

sarebbe stato il seme

 che mi avrebbe schiacciato la testa

continuava il mistero o sacro segreto .

Giacobbe nella profezia riguardo

 i suoi dodici figli

 non rese chiaro il mio problema

 dovevo pertanto seguire attentamente

la discendenza di tutti i suoi figli ,

 e non era cosa facile.

 era molto interessante scoprire come JHWH

avrebbe sviluppato gli avvenimenti nel tempo ,

dovevo stare all'erta .

Tu eri il governante mondiale,

 come esercitavi il tuo dominio ?

Conosci il ruolo degli Satrapi , sono dei vicerè

 governano sotto la mia direttiva.

 Ognuno ha al suo seguito altri satrapi

che dominano

 su una nazione o gruppo di popoli .

Io potevo concentrare la mia attenzione

sui figli di Giacobbe , sulla nascente Israele ,

 arrivò il tempo della liberazione

di quella che era diventata una

 nazione pericolosa per l'Egitto ,

 prima potenza mondiale .

Ho capito che quando si sfida la potenza di Jhwh

e si mette a repentaglio la vita del suo popolo

Egli agisce con forza vincente.

Così tutta la potenza dell'Egitto

con i suoi Dei idolatrici

furono sconfitti con le famose dieci piaghe ,

la disfatta dei primogeniti ,

gestite dal servitore di Jhwh ,

il condottiero Mosè,

mediatore del patto con il popolo ebreo

liberato con effetti speciali,

guidato da un codice di leggi che

rendeva Israele la nazione di Jhwh ,

uno speciale possesso

che doveva testimoniare la superiorità

del dominio divino

sulle altre nazioni che si autogovernavano ,

perciò si misero in viaggio

per prendere possesso della terra promessa

territorio che Abraamo Isacco e Giacobbe

avevano percorso durante la

loro nomade esistenza

Canaan , e da questa nazione al tempo fissato

doveva apparire il seme nemico .

Capisci perché la mia attenzione era rivolta

soprattutto su questo popolo dal collo duro ?

conosci la storia ....

nonostante miracoli e opere potenti di Jhwh

dopo qualche mese cominciarono

a mormorare contro Mosè

rimpiangendo l'Egitto che li opprimeva

con la dura schiavitù ,

una evidente dimostrazione di ribellione

le leggi perfette divine facevano risaltare

la loro peccaminosità ,

la serie di sacrifici che dovevano offrire

tramite il sacerdozio levitico rappresentava

il bisogno di un sacrificio migliore

il forte che viene dal cielo

per un perdono completo, totale.

Circondati dalle mie nazioni che praticavano

l'adorazione idolatrica dei Baal

(i miei Satrapi)

cadevano spesso nella idolatria

 della falsa religione

 perché il loro cuore era molto lontano

dall'amare Jhwh

 con esclusiva devozione

 la mia strategia era sempre di spingere

 questo popolo contro Dio

 così che Egli stesso

 doveva permetterne la distruzione

come forma disciplinare .

 Il tempo trascorreva del seme

 nessuna indicazione ,

venne il tempo dei Giudici   , uomini notevoli

come Gedeone Iefte e altri dieci

" unti " da Jhwh

per liberare e giudicare il Suo popolo

 regolarmente cadeva nell'idolatria ,

dimostrando di non apprezzare assolutamente

la speciale relazione che Jhwh aveva concesso

insomma erano duri di collo , difficili all'ubbidienza

non diversi delle vicine nazioni cananee ,

che vollero imitare anche per essere

 governati da un re umano .

Ma non avevano già un re , cioè JHWH ?

Certamente , Jhwh esercitava la sovranità superiore

eppure volevano un re umano

(un mio satrapo occulto)

 rigettando così il patto che i loro padri

avevano stretto con Jhwh

sul monte Sinai con Mosè

 le tavole della legge e tutti i comandi

 dettati da Jhwh erano la perfezione

per guidare un popolo

ma Israele generazione dopo generazione

è venuta meno

preferendo i miei Baal , come gli altri popoli

stavano rigettando e rinnegando Jhwh

e questa non è un'altra mia vittoria ?

Samuele il profeta e giudice ne fu sconvolto

ma Jhwh lo rassicurò : non avevano

rigettato il profeta ma la sovranità divina .

Doveva venire Silo   dalla tribù di Giuda

aveva il diritto legale ,

lo scettro che non si allontanerà ,

profetizzava Giacobbe

sul letto di morte in Egitto ,

ma ora il re designato

viene dalla tribù di Beniamino , Saul

primogenito di Chis ,

il più alto e bello in Israele ,

non può essere il " seme "

perché questo re è per volontà del popolo ,

non di Jhwh ;

devo aspettare con attenzione

Saul dimostrò che la gloria acceca ,

inizia con umiltà

poi l'orgoglio , la gelosia e l'invidia

sfociarono in odio mortale

Davide il " diletto di Jhwh" ,

secondo re dimostrò

di essere secondo il cuore di Jhwh ,

il suo esordio mi fece tremare

quando abbatté un mio campione ,

Golia , e gli staccò la testa .

Questo ragazzo , pastore soldato difensore

dei deboli e del Nome , Re poeta

ma soprattutto servitore leale di Jhwh .

Ora il mistero mi dava qualche spiraglio di luce,

perché il patto che Jhwh fece con Davide

limitò la mia ricerca

alla sola discendenza regale davidica

ma nemmeno Davide si mostrò il " seme " ,

anche lui aveva la debolezza per le donne ,

tanto che assassinò

un suo fedelissimo per coprire

l'adulterio con Betsabea

e questo peccato portò difficoltà alla famiglia,

vedi la fine ingloriosa di suo figlio Salomone

che gli successe sul trono ,

nonostante Jhwh l'avesse benedetto

con una sapienza eccezionale

e ricchezza impareggiabile

ma la debolezza per le donne

lo portò all'idolatria

e allontanarsi dal servire Jhwh

un'altra lezione , Sulpicho,

non basta la sapienza , la ricchezza

devi continuare ad amare Jhwh

con esclusiva devozione

e non è cosa facile con tutte le mie tentazioni .

Tutti gli altri re dopo di lui vennero meno

non erano il " Silo " profetizzato in Eden

 Giosafat...Ezechia...Giosia

ma ancora niente battaglia finale

 Il calcagno di chi dovevo schiacciare ?

 si tratta di aspettare i segni

scrutare le profezie , i tempi

Hai parlato di potenze mondiali ,

l'Egitto e le altre

Qual'era la relazione con Israele?

Come esercitavi la tua autorità   ?

Non mi hai parlato del ruolo d'Israele ?

Le potenze mondiali come l'Egitto ,

sotto il mio dominio occulto ,

servivano il duplice scopo di soddisfare

le voglie dei miei satrapi

e contrastare il popolo di Jhwh

con guerre e allettamenti vari

inducevano alla idolatria , a peccare

e frustrare il Suo proposito.

Il mio problema era scoprire chi

sarebbe stato il seme

come si risolverà questa inimicizia

e sopratutto quando .

Capisci che si trattava di una
 guerra ad oltranza ?
non potevo distrarmi , e poi
i profeti di Jhwh che proclamavano
avvenimenti futuri rimanevano
 criptati , segreti fino all'adempimento
insomma dovevo anche studiare
le strategie di Jhwh
 e contrastare gli effetti positivi profetici
anche se il popolo d'Israele
mi aiutava con la sua indole ribelle .

Venne la successiva potenza Assira
che separò le dieci tribù
 dalla tribù di Giuda
rendendomi più facile la guerra
 contro il " seme " .

La terza potenza babilonese completò

distruggendo il Tempio e Gerusalemme

portando in esilio il rimanente ebreo,

sembrava che la discendenza regale

fosse eliminata insieme ad Israele,

apparentemente avevo vinto ?

Le profezie mi smentirono molto presto...

dal 607 al 537 aev

i settanta anni di prigionia di esilio

e cattività a Babilonia

finirono e il solito " rimanente "

devoto e leale a Jhwh,

ritornò come profetizzato, ripristinando

la pura adorazione, la città ed il tempio .

La mia ricerca del seme continua

contro i discendenti del re Davide .

E le altre potenze mondiali , il loro ruolo ?

Prima di continuare con la quarta potenza
voglio parlarti di una lotta avvenuta
in prossimità della terra .

Forse non conosci le varie strade
che ci sono per attraversare ,
le porte per entrare
dal reame spirituale a quello materiale .

Giacobbe ebbe visione di una di queste
che veniva usata dai servitori angelici
per portare messaggi profetici di Jhwh
ai suoi portavoce terrestri ,
una di queste si trovava presso
il cielo della Persia ,
veniva custodita dal mio " principe " ,
    Quando il messaggero celeste di Jhwh
stava per " entrare "

per consegnare il messaggio profetico

a Daniele, uomo molto desiderabile ,

servitore di Jhwh esiliato a Babilonia

il mio servitore impedì l'ingresso ,

lotta che divenne difficile

fino al punto di richiedere l'aiuto

del mio principe satrapo in Grecia ,

intervenne allora l'Artefice

e la guerra stellare finì ;

l'angelo raggiunse Daniele ed io

dovevo prendere provvedimenti

perchè sospettavo che le profezie di Daniele

potevano essere risolutive

per quanto riguardava il mistero del seme .

Mi chiedevo come gli avvenimenti futuri

potevano indicare il mio nemico numero uno ,

un altro re doveva sorgere dalla progenie

del re Davide secondo il patto di Jhwh .

Ma come , se il regno era disperso ,

il tempio e Gerusalemme

ridotta in macerie e desolata senza abitanti ?

Cosa successe dunque ?

Daniele lo sapeva che dopo 70 anni

di desolazione doveva essere ripristinata

 la pura adorazione di Jhwh

riedificata Gerusalemme , il tempio

  il rimanente ebreo sarebbe tornato dalla prigionia ,

  liberato dalla potenza mondiale medo- persiana ,

in quanto al regno , al trono di Davide ,

nessuna traccia ... il mistero continuava .

Io disperdevo e JHWH   riconduceva a casa.

 Ora ricominciava la guerra , era tempo di abbattere

 questa media-persia   che non mi serviva più .

Quindi stava per arrivare la quinta potenza ?

Anche in questo caso ho fatto un capolavoro
 e in breve tempo , è stato come generare un nefilim
il protettore degli uomini , Alessandro
il grande . Il migliore .

All'inizio di ogni storia ci sono sempre le donne :
 Olimpia donna bellissima , diversa dalle altre ,
(tutte le donne sono diverse , per questo uguali)
 aveva una devozione totale per i serpenti ,
li maneggiava in modo così sensuale ed erotico ,
e sono convinto che anche questi rettili
ne erano completamente sedotti .
 A differenza di Naama il suo prostituirsi
 diventava pericoloso
 perché la sua cattiveria era imprevedibile ,
dovevo stare ai patti , non ingannarla .
    Era una bella eccitante lotta maledetta .
Voleva un figlio da Filippo il macedone ,

diventare regina e madre di re ,

odiava questo volgare eiaculatore precoce

ma doveva sottoporsi ai suoi stupri

 di sporco ubriacone .

    Una notte di luna piena lei

 i suoi amanti striscianti ,

io che "dentro" la possedevo

e condividevo la sua perversa eccitazione ,

quelle serpi come tanti falli premevano

strisciando carezzandola .....

ecco che all'improvviso

 barcollando ubriaco entra nell'alcova Filippo

 penetrandola con violenza

 le affonda quel seme

 che divenne Alessandro ,

mio figlio .... così nascono i miti .

In poco tempo questo nuovo mio re ,

disciplina , abbatte la quarta potenza ,

 diventando davvero il grande abbattitore ,

un nuovo nefilim , insomma .

La mia strategia era di sviare completamente

la nuova nazione restaurata di Jhwh ,

contaminandola

con la cultura greca che si estendeva

fino a divenire la quinta potenza mondiale ,

ma del seme rivale   ancora nessuna traccia .

Le profezie di Daniele Ezechiele e altri profeti

indicavano avvenimenti futuri ....

forse i tempi stavano maturando

per l'adempimento

dovevo stare molto attento

  mentre il popolo di Jhwh

si era allontanato dalla pura adorazione

dai patti , i cuori erano divenuti ottusi

la Tradizione aveva preso il sopravvento

sulla legge mosaica , trascurata .

Ancora vittorie per me .

Ma non avevano costruito un tempio

a Jhwh , anche più grande

 di quello di Salomone

e offrivano regolarmente sacrifici

secondo la Legge a Gerusalemme ?

Lo facevano con i loro animali malati

 e senza più santa devozione mischiando

  l'idolatria pagana della religione greca ,

una adorazione vana , che offendeva Jhwh .

In quel tempo erano davvero rari

 i veri adoratori , e per me più facile

seguirne le vite e le generazioni

 che dovevano portare al seme killer rivale .

Ma... con tanti profeti che annunciavano

 il Messia , il tempo della sua comparsa

sembrava più facile identificare

 il seme che continuava la discendenza

dalla famiglia del re Davide , non ti pare ?

Apparentemente... molte generazioni

 erano passate senza uomini rilevanti

e poi non c'era il trono di Jhwh a Gerusalemme

e nessun discendente davidico aveva rilievo .

Non era facile , dovevo aspettare altri segnali .

Nell'attesa come un nefilim , dopo i 30 anni

 (nota che molti miei servi umani ,

dopo una effimera gloria ,

 li elimino miseramente :

è la mia ricompensa !)

 Alessandro morendo lasciò la gloria

 della nascente quinta potenza mondiale,

ai suoi quattro generali

 che si divisero il bottino preparando

l'ascesa alla sesta potenza , Roma .

Hai notato che ogni potenza che

veniva alla ribalta

mostrava ostilità verso la nazione d'Israele ,

ma quella successiva ancor più potente

faceva più male ,   e poi una dopo l'altra

venivano soppresse

perdendo la loro gloria così tanto instabile ?

Roma la sesta più potente e malvagia di tutte .

Siamo arrivati dunque alla resa dei conti ?

Siamo in aspettazione , il tempo profetizzato

è arrivato , il seme , Silo

deve presentarsi al mondo

il forte che viene dal cielo

ed io sono pronto a ferire il calcagno .

Le vergini giudee sono in trepida attesa

una sarà la mamma dell'erede di Davide .

Maria di Nazaret da Betleem ,

promessa sposa al falegname Giuseppe .

Nessuna donna avrà privilegio più grande .

Maria umile giudea acuta studiosa delle   Scritture ,

devota adoratrice di Jehowah , bella e pura .

Non mi è stato permesso di accostarmi a lei.

Ma vennero dure prove anche per Maria .

Con il tempo ho preparato

uno strumento formidabile di culto

che ha superato le dee idolatriche ,

le ha rappresentate tutte :

La Santa Vergine .

La donna di genesi 3 : 15

Una icona universale ....

che schiaccia la testa del serpente

l' idolo "" universale "

(ingannevole invenzione riuscita).

Giuseppe il buono e devoto marito

si dimostra padre esemplare

per il primogenito di Maria

anche per gli altri figli che ebbero assieme .

Il mestiere di falegname era molto

usurante e tanto pericoloso ,

 per uno strano incidente Giuseppe morì ,

 lasciando Maria e sette figli in tenera età .

Il primogenito doveva assumersi

 la responsabilità di capo famiglia .

Il figlio di Maria nonostante la giovinezza ,

devo ammetterlo ,

provvide per la famiglia perfettamente ,

fino all'età di 30 anni circa .

 Inizia il suo ministero pubblico ,

 interrompendo il lavoro di falegname .

 Ha dimostrato di essere un abile "artefice "

anche come uomo terreno .

Gli astrologi scrutando le Scritture

 e le stelle,

 rivelano la nascita del re dei giudei ,

il figlio di Davide , il Messia ,

ora alcune delle profezie parlano chiaro:

Davide nacque a Betlem così anche il Silo ,

chi sono i discendenti del re Davide ?

Pensa discendono dal re Salomone :

Roboamo e Natan suo fratello

entrambi figli di Betsabea , loro discendenti

sono Giuseppe e Maria e vivono a Nazaret

ma il Messia nascerà a Betleem

come profetizzato .

Roma decide un censimento , ad ottobre

Perché la cristianità ha collocato la sua nascita

Invece nel mese dicembre ?

La ragione è idolatria e sincretismo ingannevole .

Il mio intento era eliminare subito

il bimbo alla nascita .

Pensa , l'Artefice in una condizione

di assoluta vulnerabilità .

Un'occasione davvero unica per me ,

gli astrologi si mettono in viaggio ,

148

guidati da una insolita " stella " cometa

era un mio effetto speciale

 così romantico nei secoli

che li portò a Gerusalemme

(circa due anni dopo la nascita)

 da un mio satrapo , il Re Erode

anche stavolta la protezione di Jhwh

è stata determinante ,

il Figlio portato in Egitto come scritto

e salvato dalla strage di quella volpe .

Passano gli anni l'aspettazione cresce

  Roma diventa sempre più cattiva

e oppressiva nella Giudea .

Il popolo brama la liberazione

Aspetta il figlio di Davide ,

un regno più potente di Salomone ,

 spezzerà il giogo di Roma .

il forte che viene dal cielo

Giovanni predica la venuta del Messia

 nel Giordano battezzando

 e preparando il popolo ,

 genesi 3 : 15 si realizza in parte ,

ho aspettato tanto .

Ecco si presenta al battesimo

un uomo comune giudeo , come tanti

ha circa 30 anni , lavoratore ,

ora identificherò finalmente il Seme

sono pronto .

Giovanni lo immerge completamente ,

battezzandolo

nelle acque del fiume Giordano

 quando riemerge   " il cielo si apre "

scende lo spirito santo su di lui:

Ora sa chi è : è l'unto di JHWH DIO ,

il seme della donna di genesi 3 : 15

Io so anch'io e dal cielo la voce di Jhwh dice :

 Questo è il mio figlio, diletto, ascoltatelo .

 Adesso so chi devo colpire non mi sfuggirà .

L'artefice.

 Il mio amico e compagno di tanti lavori lassù

diventato   il mio più grande nemico, lo seguo...

40 giorni e 40 notti , digiuno e preghiera ,

 come un uomo perfetto è vero ,

ma in uno stato di debolezza ,

 vado con le mie tentazioni ,   affamato ?

ora deve mangiare , sembra così

 facile e veloce

 trasformare le pietre in pane ,

 ora che ha ricevuto il potere miracoloso,

non è abusarne , sta scritto

ma niente da fare . Sopra quel monte alto

può con un balzo saltare giù

gli angeli servitori lo proteggeranno , niente.

E' stanco , io lo importuno ,

facendogli perdere tempo ,

basterebbe un accenno ad un inchino ,

io sarei contento e tutto il mondo

sarebbe sua la gloria , il potere .....

e poi andrebbe per la sua strada ,

il suo ministero

Re subito ! niente da fare .

Sono le tentazioni che hanno sempre funzionato

il successo di sempre

le due contese fondamentali :

Adorazione e Sovranità ,

sopravvivenza e integrità .

Gli offro tutti i regni del mondo

può governare subito per il bene dell'umanità ,

posso consegnarli , Jhwh me li ha concessi ,

quanti "grandi " del mondo hanno accettato ,

anche per meno ,

con lui non ci riesco ;

poteva generare una progenie ,

figli che avrebbero ereditato la terra ,

man mano che i condannati figli

di Adham morivano .

Decise invece di recuperare

il genere umano morente ,

e questa rinuncia gli sarebbe costata cara…

non era la ragione primaria del suo sacrificio ,

doveva rispondere alle due contese ,

difendere il Nome di JHWH , farlo conoscere .

Mi ritirai da lui , ad altro tempo conveniente.

Una cosa era certa: il tempo della sua ferita

al calcagno è arrivato , sono pronto finalmente

dovevo aspettare il momento propizio .

Certo ora sembrava

che le parti si erano invertite :

Apparentemente ero il più forte

Io il re dei re e lui uomo fragile come Adham ,

davanti la sfida :

 la contesa della sovranità e dell'integrità.

Adham ,Chawwàh perfetti avevano ceduto,

anch'io e tanti altri angeli .

 Poteva anche il Figlio unigenito cedere?

 Che meravigliosa vittoria sarà per me .

 Molto dipendeva dalla mia strategia.

 Comincia il suo ministero predicando

 la buona notizia del regno...

 operando miracoli , il popolo lo seguiva

 Ovunque di casa in casa di villaggio in villaggio ,

 guariva tutti, radunando ,

 insegnando il Regno di Dio ,

 unico rimedio possibile ,

 una dimostrazione di amore mai vista .

Cominciarono a radunarsi i suoi seguaci ,

dovevo fare qualcosa ,

il mio satrapo Erode tagliò la testa

a Giovanni il battezzatore,

non successe niente ,   il ministero si intensificò

perchè anche i discepoli seguivano le sue orme ,

addirittura espellendo demòni , sfidandoci .

Cominciai ad organizzare il mio seme terreno

i farisei e sadducei e la classe sacerdotale

mostrando ostile obiezione

ad ogni azione miracolosa

ed insegnamento che andava contro

la loro Tradizione .

Stava procedendo tutto secondo i piani

anche i fratelli dell'Artefice in terra

(gli altri figli di Maria e Giuseppe)

non credevano in lui , i compaesani nazareni

tentarono di ucciderlo

la pressione aumentava ,

 un suo discorso considerato offensivo provocò

l'allontanamento di quasi tutti i discepoli ,

 capivo che era il momento della mia vittoria

come al solito ci sono sempre i deboli ,

traditori mossi dall'invidia ,

 dall'amore del denaro , io li so usare

al momento opportuno .

Giuda il ladro , uno dei dodici apostoli

come profetizzato , ubbidendomi ,

lo tradisce per un compenso :

 è l'ora , il calcagno è pronto !!

Nessun altro uomo sulla terra

ha sofferto più di lui .

Non voleva bere il calice amaro e lo bevve

i suoi amici vigliaccamente lo abbandonano ,

 la folla che lo acclamava quale Re e Salvatore

l'unto di JEHOWAH ,

 ora chiede la sua morte ,

i suoi flagellatori senza pietà

lo massacrano ed io felice spettatore sadico .

Quelle frustate che scorticavano mi davano

un piacere mai provato , sublime

Era vendetta pura,irripetibile

in quei momenti sono stato il più forte

anche di JHWH , che assisteva impotente ,

soffriva per Suo figlio.

E' stata la grande vittoria ,

nessun altro mai potrà eguagliarla .

Posso ritenermi soddisfatto .

Tutti i miei servitori angelici ,

gli altri erano in attesa

dello scontro della caduta, la vittoria ,

li ho accontentati , ho ricevuto

la loro ammirazione e adorazione

Ci pensi ? Io sono riuscito a far piangere Jhwh

farlo soffrire vedendo suo figlio unigenito

morire di crepacuore come mai nessuno

sulla terra e nei cieli

e senza aver peccato , una colpa

ma con l'infamante condanna

di bestemmiatore del Padre

(rappresentava il calice che non voleva bere)

e tutti nel cielo e sulla terra assisterono

impotenti , annichiliti alla sua terribile morte

di sacrificio propiziatorio

il calcagno era schiacciato

un'altra mia vittoria , la più preziosa

forse l'ultima?

Ora che mi ci fai pensare

io non ho mai sofferto fisicamente

anzi ho sempre provato piaceri

a parte l'allontanamento forzato

dalla città santa celeste.

Con la morte del seme della donna

ti sei liberato di un gran peso?!

Ma un altro ancor più gravoso si presenta.

La missione dell'Artefice sulla terra

dell'uomo perfetto è finita

ma quando verrà il tempo

della mia ferita alla testa ?

L'artefice ha promesso ai suoi discepoli

che sarebbe tornato sulla terra

per distruggere le mie opere ,

e prima di partire da suo Padre

è venuto da noi in prigione ,

per dichiararci la sentenza di morte

Ancora devo aspettare .

Ora il secondo Adham,

con la sua morte di sacrificio

paga il prezzo del riscatto ,

cioè anima per anima

annullando il danno recato da Adham

porta il valore del suo sacrificio in cielo

dal Padre che l'accetta .

Il nuovo patto annulla

 quello con l'Israele naturale ,

 il popolo ebreo

che ha respinto il Seme .

 Gerusalemme abbandonata da Jhwh

 sarà eliminata

 dalla potenza romana nel 70 dc ,

 da allora in poi nessun ebreo

potrà dimostrare la sua discendenza ,

non ci sono più figli di Abraamo legittimi ,

 che disfatta e che vendetta , la mia .

Quel popolo che ha goduto per troppo tempo

 della misericordia di Jhwh ,

 ha mostrato con tanta malvagità

di preferire la tradizione dei suoi Rabbi,

respingendo stupidamente , malvagiamente
 completamente la relazione privilegiata
con Jhwh , fino al punto di rinunciare
per superstizione ad invocare ,
 e pronunciare il Nome di JHWH ,
dichiarandolo ineffabile , impronunciabile
 piuttosto che allontanarsi dall'ingiustizia ,
 sostituendo la Legge con le loro tradizioni
 umane , fallaci .

 L'Artefice ridona la vita eterna e perdono
offerta prima ai "figli " di Abraamo
e poi a tutte le generazioni umane
 prigioniere del tempo .

La sua risurrezione alla vita ,
ritornato al cielo ,
 per portare al Padre
 il valore del suo sacrificio umano ,

è stata la sorprendente soluzione perfetta ,

annullando completamente gli effetti tragici

del peccato e tutte le ingiustizie temporanee

che saranno dimenticate come ogni dolore .

La risurrezione dei morti

sulla terra restaurata ,

ripagherà dalle sofferenze

che non si ripeteranno mai più ...

è stata la più grande prova d'amore

di tutti tempi.

Al contrario la mia sarà

l' unica Opera Malvagia .

Ora nella dimora del Padre,

il figlio Artefice

dovrà aspettare il tempo fissato per regnare

nella parte finale dei giorni

schiacciarmi la testa .

La lotta continua !

Mi dicevi di un altro peso ?

Genesi 3 : 15

parlava del seme della donna vero ?

la donna non era chawwàh

nemmeno Maria di Nazaret

rappresentava la celeste organizzazione di Jhwh ,

cioè tutti gli angelici figli di Dio ,

ed il Figlio ne era il principale seme ,

ma non il solo componente , capisci ?

Altri sulla terra dovevano nel tempo

far parte di questo seme

continuando

l'inimicizia contro di me.

Vuoi dire che la nazione d'Israele

ne faceva parte ?

No ! al contrario essa fu rigettata

perché rifiutò il Messia ,

mettendolo a morte , istigata da me

rivelandosi **parte del mio seme**

perciò il patto stipulato con Jhwh

 fu abolito

Jhwh si scelse un' altra nazione ,

chiamata L'Israele di Dio

 un popolo per il suo Nome

come profetizzato .

Il seme della donna ora sulla terra chi è ?

e chi fa parte di questa nuova nazione ?

Con l'insegnamento e la predicazione

del regno di Dio ,

il Figlio oltre ad adempiere tutte le profezie...

il 14 nisan del 33 ev . dopo la cena pasquale ,

 durante il primo Pasto serale

con gli undici apostoli ,

 Giuda era andato lo sai dove ,

l'artefice stipulò il nuovo Patto

rendendo il precedente antiquato ,

ciò che è reso antiquato ed invecchia
è prossimo a sparire.
Così la vecchia nazione d' Israele,
che doveva produrre   un regno
di re e sacerdoti,
una nazione santa , separata, preparata
per dichiarare le eccellenze di Jhwh ,
esemplare nazione rispetto a tutte le altre
sovranità umane fallaci , fu rigettata ,
con il mio contributo naturalmente.
Non è più la eletta , non è più la protetta .

Ora ti è chiaro il gravoso peso
che mi è dato da portare,
e sai quanti sono ?
Migliaia di altri semi
da seguire e contrastare.
Fino ad allora dovevo occuparmi,
combattere un solo componente,

adesso sono migliaia,

e quanto tempo ci vorrà

per radunarli da tutto il mondo ?

Ti immagini il mio lavoro per impedire

questi nuovi discepoli cristiani primogeniti

il prezioso dono dell' immortalità celeste .

(cioè non possono morire mai)

Pensa che prima in cielo ,

io non avevo questo privilegio

e nemmeno il figlio Artefice .

Ora regneranno al posto mio

e con l'Unigenito combatteranno

per schiacciarmi la testa ,

distruggere il mio seme, i miei regni .

Questo grande dono è ingiusto

da parte di JHWH

inaspettato   esagerato .

Ora la rabbia e l'invidia

è troppo gravosa da gestire,

perciò farò loro tutto il male possibile

per impedire la loro unzione

che avviene all'immersione pubblica,

al loro battesimo .

Nel 33 ev   , immediatamente

perciò è scattata la persecuzione

con la dispersione dei discepoli

da Gerusalemme,

seguendo le loro visibili tracce

poichè predicavano senza sosta

il Regno di Dio a tutti come il loro Maestro.

Facile identificarli

conoscendo le istruzioni che ricevono

alle loro adunanze pubbliche ,

i conviti d'amore

e dalle lettere apostoliche ,

tramavo le mie strategie .

Si parlava dell'uomo dell'illegalità

sorto in seno alla congregazione primitiva

essi sono i miei semi infiltrati,

i futuri santi padri pontefici ,

i maestri della chiesa universale.

I fondatori della grande apostasia,

le zizzanie, i lupi, falsi profeti,

i nuovi prostituti del tempio.

A questo punto come hai reagito ?

Era necessaria un strategia globale

Richiedeva la cooperazione di tutto

il mio seme celeste e terreno.

L'opera della buona notizia o vangelo

iniziata e promossa dall'Artefice

è stata rivoluzionaria assolutamente,

sconvolgeva tutta la terra abitata.

La guerra, l'inimicizia di genesi 3 : 15

assumeva il suo carattere definito :

Seme contro seme, il bene contro il male.

a viso aperto senza esclusione di colpi .

Questo gruppo di pescatori illetterati

organizzati , edificati e addestrati

per la divulgazione della buona notizia

facendo discepoli in lungo , in largo

fino alla più distante parte della terra

con metodi innovativi , mi mettevano in crisi ,

difficile controllarli , contrastarli .

Formavano nuove congregazioni ,

insegnando tutte le cose predicate

imparate dal loro Condottiero ,

che dal cielo guidava e sosteneva

con la forza invincibile di Jhwh , istruendoli

tramite gruppi di uomini nominati

dallo spirito santo e che manifestavano

le qualità cristiane del Maestro ,

sempre presente tra loro .

Le congregazioni crescevano fondate

sull'amore cristiano altruistico

il nuovo comando dell'amore .

Stabilendosi in ogni parte del mondo .
Era la testimonianza visibile
del Regno di Dio all'opera .
Per me era facile introdurre
 nei loro conviti d'amore
parte del mio seme , falsi cristiani .

Iniziava l'adempimento della parabola
del grano e delle zizzanie
fino al tempo della Mietitura.
Le scritture parlavano chiaro :
 prendeva sopravvento l'apostasia ,
l'uomo della illegalità, l'Anticristo ,
cioè la classe clericale che nei secoli ,
come zizzanie, avrebbe mischiato ,
corrotto la via della verità
predicata e praticata dall'Artefice ,

con insegnamenti pagani e demonici
originarie tradizioni babiloniche ,
come le impure pratiche cananee
che corrompevano l'Israele di Mosè
 allontanandolo da Jhwh .

Rendevo difficile perciò la divulgazione
 della buona notizia del regno
con il vangelo contraffatto ,
 alla fine del primo secolo era volgare,
nasce così la cristianità apostata
ormai inquinata e rigettata da Jhwh ,
una dinastia di " Cristo in terra "
che regnavano come " vicari " ,
ovvero " vice cristo " in terra
 mentre il vero ed unico Cristo ,
l'unigenito artefice regnava il cielo
con un " sacerdozio " non trasmettibile
essendo Egli Sacerdote per sempre .

Hai visto cosa sono riuscito a creare ?

Una chiesa universale millenaria

che inganna e condanna

 miliardi di persone indifese ,

  come pecore senza pastore .

Sfruttandole con menzogne meravigliose

una santità impura , ricca

di preziose reliquie improbabili

preparate per l'idolatria di massa

nel nome del Signore Gesù

e di tutti i " santi " , martiri .

Il meretricio più abominevole

che per due millenni

ha dominato , lorda di sangue innocente

arrivata alla sua imminente fine ingloriosa ,

come la vecchia prostituta del tempio ,

madre di tutte le meretrici ,

Babilonia la grande

Un capolavoro , Sulpicho , ecco :.

Quando identificavo un componente
 del seme rivale mettevo in atto
 la mia strategia :
  dopo averlo perseguitato odiosamente
 con tutti i mezzi possibili ,
confondevo la sua buona notizia
con una contraffatta apostata , eretica .
Nel corso dei secoli diventavano
 sempre più rari ,
gli unti figli del regno , il seme secondario .
 Le cose si complicarono
quando venne facilitata
 la divulgazione della parola scritta
 con la carta stampata ,
 il desiderio di molti devoti cristiani
 era di riprodurre e tradurre ,
 consegnare alle genti del mondo
 in lingue popolari la Bibbia ,
 fino ad allora

nelle sporche mani

 del clero cristiano apostata .

Fu così il primo libro ad essere stampato

insegnato e divulgato , mio malgrado .

In questi tenebrosi secoli la religione

 dominava

il popolo ignorante e povero .

Mille anni di tirannia seguirono

altri mille sconvolgenti .

Io governavo il mondo senza ostacoli :

  era l'età dell'oro!

Così diedi inizio alla Santa Inquisizione ,

 che anticipava sulla terra

 le pene dell'Inferno , le illusorie fiamme

 del luogo di tormento per le anime condannate

  ci pensi ?

una sorta di collaborazione tra Jhwh ,

 i demòni carcerieri infernali

e .... il loro Re satanico .

Successo mondiale nei secoli ,

 un pensiero inammissibile

dall'amorevole Padre delle tenere misericordie

un assurdo e falso insegnamento religioso ,

perché il salario che il peccato paga

 è la morte ,

 questo è bastante   , niente da aggiungere .

L'invenzione dell'anima che non muore mai

 e il penitenziario inferno di fuoco ,

riportato sulle piazze con dei roghi reali ,

  i Santi Inquisitori contro coloro che ,

 amando le Sacre Scritture

 rischiavano la vita ,

 riducevano in cenere

libri e traduttori " eretici ",

 perché secondo l'uomo dell'illegalità

 il popolo non può capire , non deve sapere .

ma deve rimanere ignorante.

La conoscenza della Verità

deve essere custodita nelle sante mani

della casta madre chiesa illuminata.

Ti puzza di inganno malvagio , Sulpicho ?

La corsa alla divulgazione della Parola

diviene inarrestabile,

con il tempo sempre più traduttori

riescono con l'aiuto di Jhwh ,

trasferire insegnando ai popoli

i principi puri della verità

predicata e praticata dall'Artefice

e dai primi cristiani.

Diventava sempre più difficile

per noi arrestare

con la persecuzione

e la contaminazione letteraria

da uomini preminenti corrotti , infiltrati.

Alla fine del secondo millennio dc.

C'è stato questo " risveglio spirituale "

quasi in sordina , perché la religione mondiale

cedeva il passo alla rivoluzionaria politica ,

al progresso della scienza e della tecnologia ;

il potere allora lo distribuivo a questo

" sole nascente " abbagliante .

Il popolo assaporava la ricchezza disponibile ,

libertà di pensiero , nuova moralità permissiva .

Il mondo si stava unendo ,

le comunicazioni erano facilitate

dalle nuove invenzioni rivoluzionarie .

Il piccolo gruppo di uomini devoti cristiani

scrutando i testi sacri ,

cominciarono a capire e quindi rifiutare

alcuni insegnamenti demonici della cristianità ,

perché non avevano il sostegno scritturale biblico ,

" spento " il fuoco dell'inferno ,

la vita dopo la morte .

Non si limitavano ad accettare

le verità bibliche nei loro cuori ,

ma condividevano e divulgavano queste verità

con i mezzi moderni .

Cominciai a contrastarli

erano il rimanente del seme secondario .

Il 1914 fu un anno segnato ,

le profezie bibliche additavano quell'anno

come la fine del tempo fissato ,

da Jhwh ,   dato alle nazioni ,

ai governanti mondiali in opposizione ,

per quanto riguarda la contesa

della sovranità e integrità .

Ora il potere , il Regno è affidato all'Artefice,

in cielo e sulla terra .

Viene offerto il privilegio a tutti

di ricevere " la grazia " .

Inizia la sua presenza come Re insediato .

Scoppia la guerra in cielo ,

per noi non c'è più posto lassù ,

siamo sconfitti e scagliati

in prossimità della Terra .

Inizia il tempo della fine ,

molte profezie devono adempiersi ,

diventava sempre più difficile per me ,

avendo grande ira

perché il tempo rimastomi è ridotto ;

il mio seme ex-celeste diventava

sempre più pericoloso , difficile

pericoloso da governare ,

non aveva le mie motivazioni .

La disperazione era evidente in vista

della prossima distruzione, inevitabile,

e poi si aggiungeva un'altra beffa .

Completato quasi il radunamento

del seme secondario

della donna di genesi 3 : 15 ,

ora prendeva corpo un'altra classe cristiana

di adoratori di Jhwh :

la grande folla innumerevole

che avrebbe dimorato per sempre sulla terra ,

opportunità data in origine

ad adham e chawwàh , alla loro progenie

ma che il peccato aveva

temporaneamente frustrato.

Milano 2007 ospedale

Reparto terapia intensiva

Esisto .

Sento la forza della vita pulsare ,

una voce teneramente dolce

amore , amore , bel risveglio ,

sussurrava la bionda infermiera ,

mi dà le coordinate ,

non sono spaventato .

Devo riprendere le mie funzioni piano piano ,

il mio corpo reagisce bene .

Strano , mi sento quasi un altro .

Tutto è perfetto , torna la memoria

rivedo la mia storia (siamo fatti di ricordi)

Mi sembra di riprendere conoscenze

nuove , tuttavia sento mi appartengono ,

è come se avessi ceduto il mio posto

ad un altro Henry , un " io " maturo

perfetto ... venuto da lontano .

Provavo un amore profondo , completo

altre qualità in una misura superlativa .

Nessuna traccia di ostilità o pensieri negativi .

Le mie preghiere verso Jehowah

erano così intime ,

con una emozione mai provata .

Ho capito dunque perché succedeva

tutto questo e spero di poterlo

spiegare anche a voi -

JEHOWAH ha preparato

tempi e stagioni diversi .

Il tempo e lo spazio dell'attuale sistema

di cose terrestre ha i limiti fissati causati

dalla ribellione e dal peccato originale .

Quando questa situazione sarà risolta

questo tempo finirà .

Sarà allora che ritorneranno

i tempi e gli spazi che collegheranno

il pianeta terra e l'umanità benedetta

al resto della creazione universale .

I limiti imposti , che ora rendono prigionieri

saranno abbattuti .

Allora sarà possibile attraversare

tempi e spazi in piena libertà .

Così ha potuto " Henry futuro "

facendo un salto da noi per realizzare

questa incredibile intervista...

come lui (io) rivelerà .

Sembra che le cose si complicano

cosa hai fatto dunque ?

Certo è , dal vostro punto di vista

una grande espressione

di amorevole benignità

completa l'originale proposito di Jhwh :

riempire la terra di abitanti

perfettamente felici e devoti

ma per noi oltre ad accrescere

l'invidia ci caricava

di ulteriore lavoro per impedire

a questi ex prigionieri del tempo ,

instancabili divulgatori della buona notizia ,

l'ultima occasione di vita eterna .

Devo agire perchè la mia , la nostra ,

non diventi una vergognosa disfatta totale.

Dicevo che nel 1914 comincia a regnare

il discendente del seme di Davide ...

l'Artefice a cui avevo schiacciato il calcagno

il forte che viene dal cielo

come prima azione scatena la guerra in cielo

noi veniamo cacciati per sempre

precipitati nelle vicinanze della terra

prossima ad essere purificata .

　　Inutile dire che la guerra

era persa in partenza contro il figlio di Dio ;

non ho mai messo in discussione

la potenza di Jhwh Dio ,

sapevo di avere poco tempo,

la mia ira era al massimo ,

ma che potevo fare se non scagliarmi

malvagiamente contro l'umanità ,

contro l'odiato seme secondario della " donna "

rimanente ancora vivente qui sulla terra ?

La mia strategia è guerra ad oltranza

contro questo piccolo gruppo che nonostante

la mia forte opposizione mondiale , persevera

raffinandosi sempre più ,

promuovendo conoscenza

della Parola di Jhwh con tutti i mezzi ,

riempiendo il mondo

della loro testimonianza

molto impopolare e schernita,

con l'aiuto del Re Mkl e di Jhwh, riescono

a superare tutte le difficoltà

con successo straordinario.

Come profetizzato diventano

il popolo per il Suo Nome,

sempre più numeroso ed unito.

L'altra parte del mio piano

è radunare tutti i popoli,

in questa ultima ora, alla guerra finale

detta Armaghedòn.

Il xx secolo era iniziato con le più rosee

prospettive di benessere

il progresso avanzava e le speranze

per un futuro di pace e abbondanza

erano diffuse.

Ma la prima guerra mondiale

e le tragiche conseguenze

devastanti cambiarono per sempre

le aspettative .

Malattie endemiche , nuova criminalità organizzata

lo sfruttamento delle risorse della terra

i popoli che rifiutavano i governanti

la ricerca dei piaceri sfrenati ,

ora tutto è lecito ,

le religioni perdevano credibilità .

 aumentavano le invenzioni materialistiche

disponibili a tutti ,

armi sempre più micidiali e di massa

mentre gli uomini perdevano la pace ,

 le famiglie si disgregavano , avanzavano

 nuove forze politiche popolari , estremiste ,

 fondamentaliste , anarchiche e terroristiche .

Il pianeta terra cominciava a rovinarsi ,

come le coscienze ed i cuori

Era evidente sulla terra la mia presenza

la mia grande ira e ferocia

Il mio piano è   portare contro Dio

 tutte le istituzioni religiose ,

 politiche , commerciali , per ignorare

 perseguitare , rigettare l'invito divino

di mettere a posto ora le cose con Lui .

Si ! Riuscirò a trascinare miliardi

 di uomini donne vecchi bambini

 contro Jhwh ed il Suo Regno ,

  saranno gli eserciti celesti

 capeggiati dall'Artefice ,

 che senza pietà , li massacreranno.

Non possiamo impedire alla grande folla ,

difficile da numerare ,

di superare e sopravvivere

alla imminente tribolazione

 definita grande,

più devastante del diluvio universale ,

ma la faremo soffrire tantissimo .

Sarà la grande guerra memorabile

e questi superstiti

saranno la base della nuova terra ,

mentre i miei eserciti terreni distrutti

ed io ed il mio seme celeste inabissati

in legami di inattività

per il tempo fissato .

La guerra , l'inimicizia tra i semi

di Genesi 3 : 15 è finita !

ma non finisce quì ...

Ricordi ? Ti ho parlato dell'arte di Leonardo

della mia idea iniziale di artista del male .

Da quando la mia attenzione è rivolta

esclusivamente , forzatamente alla terra

dal 1914

politici , religiosi , filosofi , scienziati, operai

anche gli artisti si sono persi

nella disperata corruzione ,

rispecchiando la nostra caduta dal cielo .

Picasso amava le donne ma non riusciva

ad amarle , rispettarle , nonostante i favori

 ne distruggeva la bellezza nei suoi lavori ,

 era un povero zingaro superstizioso ,

 schiavo della gloria degli uomini

 che non sazia

 sapeva arricchirsi infelicemente ;

come Modigliani cercando la bellezza

nella donna dagli occhi spenti ,

 distruggendone la sua con l'assenzio .

i poeti cantavano la morte .

Nell'arte come nella vita

 la Bellezza è Donna .

 Difficile riprodurla conquistarla capirla.

E' dunque maledettamente fatale .

La mia storia , la mia caduta , la mia vita

è iniziata attratto dalla bellezza

della donna umana, chawwàh

finisce per la potenza distruttice

della Donna Celeste

di Genesi e Apocalisse .

Sono diventato l'artista assoluto del male

causando tanto danno che di più non si può

posso ritenermi soddisfatto ,

ho ottenuto ciò che volevo .

Ma non finisce qui !

Ma come ? questi ultimi giorni

sono così importanti

duemila anni di storia e ne parli così ?

mentre ho tanto bisogno di tutti i dettagli !

Sulpicho , devi sapere

che fino alla comparsa dell'Artefice

sulla terra , pochi erano a conoscenza

della mia vera identità .

 Nelle Scritture Ebraiche

si parlava del seme , del serpente misterioso

 di un angelo soprannominato Satana

e poco si sapeva

del suo percorrere la terra

 e camminare per essa .

 Il mio vero nome non è conosciuto ,

e questi epiteti usati da voi ,

 danno una idea errata della mia persona ,

non mi piacciono per niente .

Io sono molto bello   , alcuni tra voi

 hanno " visto " il mio splendore ,

sono l' Angelo di luce .

Nel primo secolo era volgare

tutto cambiò .

 L'Artefice nei suoi insegnamenti

parla molto di me , delle mie strategie .

rivela che sono il Governante del mondo

 e dei demoni,

 svela le mie trappole mortali ai suoi seguaci.

Profetizza gli avvenimenti che verranno

 nella parte finale dei giorni,

della sua presenza,

la venuta sulla terra

 come Condottiero e Giudice giustiziere.

 Grande tribolazione e Armaghedòn

 studiateli. **Questo vi basti!**

Adesso sono io che ti intervisto, Henry :

non so spiegarmi il tuo atteggiamento;

le tue domande, conoscevi già le risposte,

 mi sfugge qualcosa .

 Conosco le tue origini.

 Sei il frutto imbarazzante

di un rapporto incestuoso

tra giovani di una famiglia reale europea.

 La balia ha fatto perdere le tue tracce

durante i bombardamenti del 1945,

sei stato rubato e condotto

 al paese di Calangianus ,

 quindi adottato .

Tu sapevi questo ?

 Dimmi cosa mi nascondi .

Sono Henry Sulpicho .

Dopo l' intervento chirurgico all'aorta ,

nel reparto di terapia intensiva ,

 mentre ero sotto anestesia

è avvenuto qualcosa fuori dal tempo *,*

quel tempo che ora tiene prigionieri ,

non è l'unico tempo che esiste ,

tu stesso prima ne maneggiavi diversi ,

 può essere anche " attraversato " ,

 ma   da chì ... ?

è vero che ti sfugge qualcosa di me ,

 non ricordi perché la tua memoria

 è prigioniera ,

relegata in questo sistema di cose

" provvisorio "

prossimo a scomparire assieme ai suoi carcerati .

Anche tu sei prigioniero del tempo.

Puoi conoscere solo il momento presente

I tuoi sono ricordi di un tempo passato

che non puoi più " manovrare " ,

tanto meno viaggiarci ,

attraversare il tempo che verrà.

Insomma questa **aggiunta in me**

è l'Henry futuro

che è entrato in questo tempo,

mi ha o meglio ci ha fatto visita,

temporaneamente .

Siamo come dentro una grande bolla di sapone ,

ricordalo !

Questo Henry futuro

(il suo nome è un altro , nuovo perfetto)

che tu alla fine dei " mille anni "

ne hai tentato l'integrità invano ,

ha ricevuto perciò

la gloriosa libertà dei Figli di Dio .

Non è più prigioniero

di quel tempo che finisce ,

per lui già finito..

oltre mille anni " dopo " ,

può pertanto " viaggiare "

 ed eccolo qua

a preparare questa incredibile intervista

aggiungendo gli avvenimenti prossimi

 che seguiranno .

Ritornerà poi nel suo tempo ,

 alla terra restaurata

dove già regnano pace e sicurezza eterne ,

ma non c'è posto per il malvagio , mai più ,

è svanito anche il suo ricordo … e tu !

 E finisce qui .

Allora dimmi , Henry futuro , cosa è successo

alla finalissima del tempo che finisce ?

La situazione mondiale   pericolosamente

Peggiorerà e poi

sembrerà che le difficoltà

potranno risolversi

con dei trattati internazionali ,

i capi mondiali proclamano sicurezza e pace .

segue un momento di benessere collettivo,

positivo , pacifico , ingannevole .

Immediatamente la speranza

si trasforma in disperazione .

Alcune nazioni ostili attuano l'unico pensiero

ispirato da Jhwh :

devastano tutti i centri mondiali di religione

eliminano tutti i religiosi che fino allora

sembravano " cantar " vittoria .

Babilonia la grande completamente distrutta .

Riceve la sua ricompensa da prostituta .

(l'impero mondiale della falsa religione)

Il popolo disperato ,arrabbiato ,

assetato di rancore e vendetta

assale ogni luogo di culto razziando

le grandi ricchezze accumulate nei secoli .

È l'anarchia totale inarrestabile , incontrollabile .

Ogni traccia di religione è sparita .

Rimane soltanto la grande folla di cristiani

che ancora proclamano il giudizio di Jhwh .

Sembra un popolo indifeso , facile eliminarlo .

Tutto il mondo ancora radunato per distruggere

muove unito contro la facile preda ...

In quel momento che precede l'assalto finale

 la calma prima della tempesta :

il rimanente del seme secondario viene accolto

in cielo completando il numero

 schierandosi in formazione di battaglia

insieme all'Artefice ed alla Donna :

 la grande tribolazione è iniziata ,

sta per scoppiare la guerra di Armaghedòn .

Sulla terra in questo pausa di tempo

molti indecisi prendono posizione ,

altri si allontanano pavidamente .

La grande folla come pupilla di JHWH

sarà la trappola per le orde sataniche

e dell'umanità giudicata malvagia

che attaccheranno questi " ultimi cristiani "

che stanno fermi per vedere la salvezza di Jhwh

ma l'Artefice con i suoi eserciti celesti annienterà

senza scampo questi nemici oppositori

proteggendo i suoi servitori terreni

afferrandoti   " originale serpente "

ti scaglierà nell'Abisso ,

legato per mille anni . Sigillandoti .

Ancora non era il tempo

di schiacciarti la testa.

Il NOME   JEHOWAH RIVENDICATO

dalle vostre calunnie infamanti e false .

Ora il Regno di Dio si estende

sulla terra liberata

la pace assoluta pervade i superstiti

testimoni oculari del giudizio divino ,

è della vendetta di Jhwh .

Le contese della sovranità

e della integrità umana risolte .

Inizia questo tempo di restaurazione

La terra diventa il paradiso terrestre globale

Gli abitanti rivestono la perfezione

Anche i morti sono destati ....

Ogni cosa è nuova .

Il tempo culmina con la prova finale

quando l'Oppositore sciolto dall'abisso

mette alla prova con le sue tentazioni

 tutta l'umanità redenta e perfetta ,

come doveva essere in principio .

Sarai definitivamente distrutto

Assieme al tuo malvagio seme .

La tua testa schiacciata !

Durante il regno millenario

darà la vita alle persone

che Jhwh risusciterà per l'altra opportunità

assieme ai fedeli e giusti servitori del passato .

Ci sarà la direttiva dell'Artefice

con il seme della Donna

gradatamente guariscono il popolo salvato

riportano la terra alla condizione paradisiaca.

La Parola di Jhwh non è venuta meno ,

il suo Amore per l'umanità ubbidiente ,

riscattata e resa libera dal peccato

e dal tempo perduto

e della pace non ci sarà fine .

- così finisce l'intervista " incredibile " di KERB

nota dell'autore

Difficile accettare queste verità

esposte nell'intervista di KERB .

 Perché la realtà che stiamo vivendo

 è totalmente diversa ,

 irreale , assurda e sbagliata .

- ***KERB*** ha privato al genere umano la vera vita

secondo il proposito divino .

Senza la conseguenza del peccato originale

l'uomo con salute perfetta , non invecchiando

con la sua personale eredità terriera ,

senza divisioni nazionalistiche ,

senza la trappola monetaria ,

senza odio razziale , senza malattie ,

ignoranza e superstizione religiosa ,

senza governi e dittatori

 ma Jehowah è su tutti ,

le condizioni penose attuali e passate

non sarebbero mai esistite ....

Se tutto l'universo fosse frutto del caso

è facile non assumersi responsabilità

non rendere conto a nessuno .

Esistendo soltanto per ottenere

 un poco di felicità superflua .

Se " lassù " non ci sono

 Divinità Creatrici ,

se non ci sono leggi e principi etici .

Se tutto si evolve ....

 quanto sembra puerile , anacronistica

la storia biblica del serpente tentatore .

Scordare il fatto che viaggiamo su un pianeta

come nave spaziale

che invece rispetta tempi e spazi alla perfezione

ruotando su se stesso

senza causarci mal di viaggio

correndo a velocità pazzesca intorno al sole

che distribuisce luce e calore perfettamente ,

fedelmente , perpetuando la vita creativa ,

fatta su misura per la nostra eterna felicità ,

e ... tutto gratuitamente .

 Siamo ciurma ma non capitani .

Bastava forse un poco di gratitudine , fiducia ,

 affidandosi all'amorevole Padre Creatore Jhwh .

   Tutto si è complicato !

Quel cherubino , che forse non è primogenito

ma bugiardo di sicuro , vuole governare

vuole la donna , eserciti per la guerra

con il suo " seme " celeste e terrestre

fatto a sua immagine e somiglianza :

Ecco i risultati ineluttabili .

GOVERNI DI ODIO E TERRORE .

Troppo comodo permettere ancora

Lo status quo egocentrico .

Il tempo è giunto , l'intervento è pronto .

Jehowah con i suoi eserciti invincibili

annienterà questi ribelli indomabili ,

ripulirà il cielo e la terra .

Il suo eterno proposito sarà realizzato

al suo tempo fissato .

Questa " intervista incredibile "

è un amorevole invito

da chi non ha desistito .

grazie a presto

Henry Sulpicho

henrysulpicho2011@gmail..com

ISBN | 978-88-93211-53-6

youcanprint

Finito di stampare nel mese di Ottobre 2015
per conto di Youcanprint *Self - Publishing*

www.ingramcontent.com/pod-product-compliance
Lightning Source LLC
Chambersburg PA
CBHW071337090426
42738CB00012B/2927

9 7 8 8 8 9 3 2 1 1 5 3 6